Mappershain
Quelle
Kemel
Aar
Lindschied
Kleine Wisper
Wisper
Heimbach
Adolfseck
Wisper-
see
Bad Schwalbach
auroth
Watzelhain
Springen
Kleine Wisper
Dornbach
ick-
chied
Wisper
Fischbach
Bärstadt
Niedergladbach
Gladbach
Obergladbach
Hausen
v. d. Höhe
Hinterlandswald
Rheingaugebirge
ephans-
hausen
Kiedricher
Bach
Am Rebhang
Erbach
Eichberg
Kiedrich
Hallgarten
Pfingstbach
Erbach
Elsterbach
Hattenheim

Siegbert Seitz
Werner Wolf

Ins wilde Wispertal

Natur, Kultur, Romantik

SOCIETÄTS
VERLAG

3., überarbeitete und aktualisierte Auflage

Satz: Julia Desch, Societäts-Verlag
Umschlaggestaltung: Julia Desch, Societäts-Verlag
Umschlagabbildung: Robert Carrera
Druck und Verarbeitung: CPI books GmbH, Leck
Printed in Germany 2020

ISBN 978-3-95542-327-8

FSC
www.fsc.org
MIX
Papier aus verantwortungsvollen Quellen
FSC® C083411

Inhalt

Vorwort

„Mal wieder raus – und zwar ins wilde Wispertal“, das rufen Ihnen die Verfasser dieses Buches zu. Starten Sie zum Beispiel in Lorch am Rhein und erleben Sie hier die Zeugnisse einer altehrwürdigen Geschichte. Dann geht es mit dem Auto, mit Fahr- oder Motorrad oder dem Bus in das wildromantische Wispertal. Von hier aus erschließen sich Ihnen die ursprünglichen, geheimnisvollen Wälder, die lebendigen Dörfer, die vielfältige Gastronomie. Dazu geben wir Ihnen viele Anregungen.

Der Wispertaunus hat sich herausgemacht. Er war zwar schon immer ein bevorzugtes Wandergebiet. Jetzt aber haben seine Kommunen und engagierte Naturfreunde mit den Wisper Trails ein neues großes Premium-Wanderland geschaffen. Gehen Sie ein Teilstück der langen Strecke von der Quelle der Wisper bis zu ihrer Mündung in den Rhein – oder suchen Sie sich einen der 14 abwechslungsreichen Rundwanderwege aus. Sie werden die Stille und die Wildheit des Wisperlandes genießen. Wir geben Ihnen erste Orientierungen.

Für alle, die mehr wissen wollen, bieten wir fundierte, unterhaltsame Reportagen zu Land und Leuten. Uns hat die in Jahrhunderten gewachsene Kulturlandschaft fasziniert, die Lebensweise der Menschen in Geschichte und Gegenwart, ihre aktuellen Probleme und Projekte. Nehmen Sie also teil an unseren Gesprächen und Wanderungen mit Persönlichkeiten, die sich in Beruf oder Freizeit für das Wisperland engagieren und Ihnen ihr Wissen über Land und Leute übermitteln.

Wir wünschen Ihnen viel Freude und Genuss beim Lesen und beim Wandern im wilden Wispertal.

Die Autoren

Geschichte: Wie sie begann und wie es weiterging

Geschichte: Wie sie begann und wie es weiterging

Ein Lorcher Historiker berichtet

Vor etwa 45.000 Jahren begann der Homo sapiens, Europa zu besiedeln. Im heutigen Hessen finden sich zahlreiche Spuren seiner steinzeitlichen Existenz. Wir können uns gut vorstellen, wie im Mündungsgebiet der Wisper die Menschen große Fische erbeuteten, Hirsche und Wildpferde jagten sowie Kräuter und Wurzeln sammelten. Später empfahl sich der sonnige Platz den Menschen auch für Viehhaltung und Ackerbau. Wie es nach der Steinzeit weiterging, erzählt uns Hermann Josef Klotz in einem ruhigen Erker des Cafés „Laquai" am Lorcher Marktplatz.

Hermann Josef Klotz

Hermann Josef Klotz ist diplomierter Handelslehrer im Ruhestand und unterrichtete an einem Beruflichen Gymnasium die Fächer Wirtschaft und Geschichte. Die Historie, speziell von Lorch und dem Wispertaunus, ist nach wie vor sein Steckenpferd.

Zunächst kommt Klotz auf das Lorcher Museum zu sprechen. Hier ist aus der Bronzezeit der Armreif eines Kindes ausgestellt. Dass bereits vor etwa 3.000 Jahren ein Kind – wahrscheinlich das eines Adligen – Schmuck trug, lässt auf eine entwickelte Lebenskultur schließen. Schon damals boten das heutige

Bronzezeit, Armreif eines Kindes

Lorch und das Wispertal den Bauern, Fischern und Händlern gute Möglichkeiten für ein auskömmliches Leben. Die Menschen legten für ihre Verstorbenen bereits „Friedhöfe" an, in Form von Urnenfeldern.

Etwa ab 500 vor Christus, in der Eisenzeit, besiedelten die Kelten den Wisperraum. Reste von Ringwällen und Fluchtburgen bezeugen das, etwa im Wispertal in der Nähe der Laukenmühle. Man nimmt an, dass im Wegenetz der Kelten das heutige Lorch sowie der Weg durch das Wispertal bis nach Kemel an der Bäderstraße eine wichtige Funktion hatten. Sie begruben ihre Toten in Hügelgräbern: Geht man auf dem Rheingauer Gebück-Weg von der Kammerburg im Wispertal zum Forsthaus Weißenthurm, findet man Hügelgräber rechts und links des Weges. Die Kelten bearbeiteten Äcker, hüteten Schweine, Ziegen und Schafe. Die Namen Lorch und Wisper sind keltischen Ursprungs, sind aus langer Vergangenheit überkommen.

Deutlich mehr los war dann im Lorcher Raum während der Römerzeit. Um Christi Geburt herum bedrohten Germanenstämme die römische Nordgrenze und damit die Provinz Germania Superior mit Mainz (Moguntiacum) als Zentrum. Die Römer bauten den

Römischer Wehrturm in Kemel, Nachbildung

Limes als Schutzwall, Lorch diente als Brückenkopf. An der Wispermündung, am Platz der heutigen Kirche St. Martin, entstand ein Burgus, ein großer Wachturm. Wieder kommt Klotz auf das Museum zu sprechen. Dort ausgestellte Funde aus der Römerzeit deuten nämlich darauf hin, dass die römischen Soldaten und Händler die Rheininsel, den „Lorcher Werth", als Zwischenstopp bei der Rheinüberquerung nutzten. Sie zogen dann, wie ehedem die Kelten, durch das Wispertal hoch zu ihrem großen Kastell nach Kemel. Diese Verteidigungsanlage und Handelsstation lag nahe der Wisperquelle. Heute nimmt man die Fähre und die Wisperstraße auf dem Weg von Mainz nach Kemel und Bad Schwalbach. Der Verlauf der Strecke ist gleich geblieben.

Hermann Josef Klotz legt Wert darauf, dass schon die Römer von Mainz aus den Rheingau und den Wispertaunus im Blick hatten. Jahrhunderte lang blieb die spätere Bischofsstadt am anderen Rheinufer das Machtzentrum, bis Europa im Jahre 1803 durch den Reichsdeputationshauptschluss neu geordnet wurde – und der Rheingau an die Nassauer fiel. Seitdem ist Wiesbaden die politi-

Mainzer Rad auf Grenzstein

sche Zentrale, Mainz behielt aber seine kulturelle Bedeutung. Der Rhein trennt nicht nur, er verbindet auch.

In der langen „Mainzer Zeit“ war das Wispertal mit Lorch immer Grenze zu anderen, manchmal freundlichen, manchmal feindlichen Territorien, also auch Kampf- und Austauschgebiet. Dieser Umstand erklärt die heute noch sichtbare starke Befestigung von Lorch. Eine besondere Sehenswürdigkeit ist der Rundturm „Strunk“ aus dem 16. Jahrhundert, der für die Mainzer die Wispermündung absichern sollte. Die obere Plattform kann bestiegen werden, im Hochzeitszimmer kann man sich sogar standesamtlich trauen lassen.

Die Grenzlage macht auch den Bau der Burgen im Wispertal vom 12. bis ins 15. Jahrhundert nachvollziehbar. Sie dienten als Herrschaftssitze, Wehrburgen zur Grenzsicherung und „Jagdschlösser“, heute sind sie Touristenattraktionen und Wanderziele.

Noch immer eine Attraktion ist eine andere Wehranlage gegen eventuell feindliche Nachbarn, das Rheingauer „Gebück“. Vom 12. bis zum 18. Jahrhundert grenzte ein bis zu 100 Meter breites, nahezu undurchdringliches Gestrüpp aus niedrig gehaltenen, zum Boden

Linke Seite: Blick auf Burg Nollig

hin „gebückten“ Bäumen und stacheligen Sträuchern den Rheingau nach Norden hin ab. Die Männer des jeweils nächstgelegenen Ortes hielten das Gebück instand. Gemauerte Tore und Schanzen bildeten bewachte Durchlässe. Der „Rheingauer Gebück-Wanderweg“ folgt heute diesem Verteidigungswerk und erläutert an 21 Stationen die historischen Gegebenheiten. Der Weg kreuzt an der Kammerburg die Wisper. Von hier aus kann man zur einen oder zur anderen Seite losmarschieren.

Eine besonders kuriose Grenzgeschichte erzählt Hermann Josef Klotz vom „Freistaat Flaschenhals“, einem regionalen Gebilde, das von 1919 bis 1923 Lorch, Kaub und Teile des Wispertaunus bis Laufenselden umfasste: Nach dem Ersten Weltkrieg regierten die Franzosen ihre Besatzungszone von Mainz aus, die Amerikaner saßen in Koblenz. Frankreich bestand im Versailler Vertrag darauf, auch rechtsrheinisch durch Brückenköpfe seinen Einfluss abzusichern. Amerikaner und Franzosen zogen also auf der Landkarte mit dem

Mapper Schanze

Schild an der Laukenmühle

Zirkel zwei Kreise als Grenzen ihrer Einflussgebiete, allerdings ziemlich fehlerhaft. Ein flaschenhals-ähnliches Stück Land blieb unberücksichtigt und unregiert. Notgedrungen mussten sich die Flaschenhalser selbst verwalten, mit eigener Währung und einer Wirtschaft, die vor allem vom Schmuggel zwischen

Notgeld

den Besatzungszonen lebte. Improvisation war angesagt. An diese Episode erinnern heute noch Freistaat-Schilder am Rhein und an der Wisper. Eine „Freistaat Flaschenhals-Initiative“ organisiert Wanderungen, vertreibt Premium-Flaschenhals-Weine und bietet Erinnerungs-Menüs an. So lebt der Freistaat im Fremdenverkehr weiter.

Lorch und der Wispertaunus kamen also aus der Grenzlage nicht heraus. Heute begegnen sich hier die Länder Hessen und Rheinland-Pfalz. Diese Grenze durch Burgen oder ein Gebück zu sichern, erübrige sich allerdings, meint Klotz. Dann kommt er auf ein weiteres großes Thema zu sprechen: die Wirtschaft und den Broterwerb der Menschen.

Lorch ist eng mit dem Weinanbau verbunden. Winzer laden in ihre Straußwirtschaften und Gutsschänken ein. Einst aber brachten die Römer den Wein an den Rhein. Im darauffolgenden Fränkischen Reich lebte ihre Wein-, Trink- und Esskultur in Teilen weiter. Der Rheingauer Weinbau steht also in einer sehr alten Tradition. Eine Urkunde aus dem Jahre 1085 bezieht sich bereits auf den Lorcher Rotwein.

Weinbau ist Tradition

Links: Hilchenhaus

Heutzutage ist der Lorcher Riesling eine gern getrunkene Weinsorte. Reste von Weinbergsmauern zeigen, dass im Mittelalter sogar im Wispertal auf gerodeten Flächen Wein angebaut wurde. Adelshöfe und Klöster lebten gut vom Wein, Reichtum entstand. Davon zeugt zum Beispiel das Lorcher „Hilchenhaus“, der bedeutendste Renaissancehof einer Adelsfamilie am Mittelrhein.

Mit Rhein und Wisper verbinden sich viele weitere historische Erwerbsquellen der Bevölkerung. Seit jeher wird im Wispertaunus Holz „gemacht“, das früher vielleicht von Köhlern zu Holzkohle verarbeitet wurde. Davon zeugen Plattformen für die Meiler der Köhler, an denen man auf Wanderwegen im Wispertal immer wieder vorbeikommt. Ab dem 19. Jahrhundert wurde die Holzkohle in industriellem Maßstab hergestellt. Schmalspurbahnen beförderten den Rohstoff aus den Nebentälern der Wisper nach Lorch. Heute stellt das ehemalige Holzverarbeitungsunternehmen Schlaadt, am Ortsausgang von Lorch im Wisper-

Holzabfuhr mit Schlitten, Landmuseum Ransel

Seit 1862: Koblenz – Wiesbaden

tal gelegen, Verpackungen aus Kunststoff her. So wandeln sich die Zeiten.

Schaut man auf die Wispermündung, ahnt man nicht, dass sich hier über Jahrhunderte hinweg ein Wirtschaftshafen befand. Größere Lastkähne konnten bis ins 17. Jahrhundert ein Felsenriff bei Bingen nicht überwinden. Im Lorcher Hafen wurde die Fracht rheinaufwärts auf kleinere Schiffe umgeladen oder über den heute noch so bezeichneten Kaufmannsweg nach Rüdesheim gebracht. Dieser Hafen- und Transportbetrieb brachte vielerlei Arbeitsplätze mit sich.

Seit dem 17. Jahrhundert bis zum Jahre 1974 wurde das für die Schifffahrt so gefährliche Quarzriff durch Sprengungen immer weiter zerstört, das „Binger Loch“ zur Durchfahrt von Schiffen entstand – nach wie vor gefahrvoll –, zunächst sieben Meter breit bis zu den jetzigen 120 Metern. Vom ehemaligen Riff zeugen heute noch drei übrig gebliebene Felsen nahe Bingen, die „Lochsteine“.

Hotel Krone, Wappen

Im späten Frühjahr blüht in Lorch auf Brachflächen zwischen den Weinbergen der zitronengelbe Färberwaid, auch Deutscher Indigo genannt. Die zum Färben von Textilien genutzte Pflanze zeugt von der ebenfalls vergangenen Zeit der Zünfte der Lorcher Tuchweber und Färber. Diesen Berufen gingen ehedem bis zu 300 Familien nach, die ihre Waren über den Rhein bis in die Niederlande verkauften. Die Tuchweber und Färber mussten allerdings im 16. Jahrhundert auswandern. Sie hatten sich zur religiösen Bewegung der Wiedertäufer bekannt, was wiederum die katholischen Landesherren in Mainz nicht duldeten.

So verlor Lorch nach und nach einträgliche Erwerbsquellen, der Weinanbau blieb zwar als Einnahmequelle, mit der Stadt und dem Wispertaunus ging es aber lange Zeit bergab. Die Bewohner waren großteils arm. Langsam erholen konnte sich der Landstrich seit Ende des 18. Jahrhunderts, als die „Rheinromantik" neue Bekanntheit und Besucher brachte. Daraus wurde mit der Zeit der „Fremdenverkehr", die heutige „Touristik". Wichtig für diesen Aufschwung war der Ausbau der Verkehrswege. Die Eisenbahn verband schon seit 1862 Wiesbaden mit Koblenz, zur gleichen Zeit wurde die Wisperstaße ausgebaut. Die Rheinuferstraße zwischen Wiesbaden und Lahnstein erfährt bis heute immer wieder Erneuerungen.

Rechts: Pfarrkirche St. Martin, Hochaltar

Die UNESCO ernannte das Mittelrheintal im Jahre 2002 zum Weltkulturerbe. Das bedeutete für Lorch und den Wispertaunus eine zukunftsweisende Aufwertung. Der Erwerbszweig Touristik konnte sich um diesen Titel herum neu formieren.

Zum Ende des Gespräches geht Hermann Josef Klotz mit uns die wenigen Schritte vom Café am Marktplatz zur Pfarrkirche St. Martin, einem prachtvollen Bauwerk der mittelrheinischen Gotik. Den Hochaltar von 1483 sollte man unbedingt gesehen haben, sagt er. Dieser ist etwa 14 Meter hoch und mit seinen Flügeln mehr als sieben Meter breit. Vollständig erhalten, von hoher künstlerischer Qualität, ist er der älteste monochrome, also einfarbige Schnitzaltar Deutschlands. Hergestellt hat ihn wohl ein Meister aus Worms, transportiert wurde er sicherlich über den Rhein nach Lorch. Also ist auch hier wieder die Wasserstraße das verbindende Element.

Blick von St. Martin auf die „Wasserstraße" Rhein

Lorch: Kleinod an Rhein und Wisper

Lorch: Kleinod an Rhein und Wisper

Mit dem Bürgermeister unterwegs

Die Stadt Lorch am Rhein ist das Tor zum Wispertaunus. Bevor wir die Wisperstraße hochfahren, gehen wir erst einmal in Lorch auf Entdeckungstour. Es gibt viel zu sehen: historische Gebäude, Wehrmauern, Weinberge und natürlich den Rhein und die Wisper. Wir besuchten den zu diesem Zeipunkt noch amtierenden Bürgermeister Jürgen Helbing im Rathaus, einem eindrucksvollen Fachwerkgebäude, im Jahre 1813 im klassizistischen Stil erbaut. Er empfing uns in seinem Dienstzimmer.

Jürgen Helbing, Jahrgang 1950, früher Kriminalbeamter, wohnt seit mehr als drei Jahrzehnten in der Wisperstadt. Im Jahre 2008 wählten ihn die Lorcher erstmals zum Bürgermeister. Im Februar 2020 übernahm Ivo Reßler den Bürgermeisterposten. Kommunalpolitik war Helblings Beruf, Wandern, Weinbau und Musik sind bis heute seine Hobbys. Während seiner Amtszeit lagen ihm die Weiterentwicklung der altehrwürdigen Kulturlandschaft und die Förderung des Tourismus besonders am Herzen. Im folgenden Abschnitt berichten wir von unserem Treffen mit dem zu diesem Zeitpunkt noch amtierenden Bürgermeister.

Jürgen Helbing

Lorch mit seinen etwa 4.200 Einwohnern ist eine kleine Stadt im unteren Rheingau, im Mittelrheintal, auf hal-

Marktplatz mit Rathaus

ber Strecke zwischen Rüdesheim und St. Goarshausen. Zu Lorch gehören heute auch die früher selbstständigen Orte Lorchhausen, Espenschied, Ransel, Ranselberg und Wollmerschied. Je nach Konjunktur und Ansiedlungserfolgen bietet die Stadt 700 bis 800 Arbeitsplätze. Viele Lorcher pendeln in die umliegenden Großstädte. Die Touristik wird immer bedeutender, die Zahl der Besucher, aber auch deren Verweildauer steigen kontinuierlich an, was auch damit zusammenhängt, dass die UNESCO im Jahre 2002 das Mittelrheintal zum Weltkulturerbe ernannt hat. Der Titel lockt neue Gäste an.

Aus eigener Erfahrung kann Helbing sagen: Es ist angenehm, in Lorch zu wohnen, sei es in der Kernstadt oder in den Höhengemeinden. Dafür sorgen schon das gut verträgliche Klima, die Wanderwege und Wälder, die vielfältige Gastronomie, die guten Weine und natürlich die für Kontakte offenen Menschen.

Wir fragen den Bürgermeister, wohin er Besucher am liebsten führt. Er sagt: Lasst uns ein Stück laufen, nämlich den Geologischen

Stickelbank

Rundwanderweg entlang zum Welterbe-Weinberg und zur Stickelbank. Gesagt, getan, wir gehen bei schönem Rheingau-Wetter vom Marktplatz aus zunächst die Römerberg-Straße hinauf zum Gefallenen-Denkmal. Hier beginnt der Geologische Rund-

Moderner Hausgarten in Ransel

wanderweg, zunächst ein schmaler Fußweg links der Friedhofsmauer entlang. Nach ein paar Metern stoßen wir auf die Stickelbank, eine Aussichtsplattform mit wunderbarem Blick über Lorch, den Rhein und die Weinberge, 2013 mit einem Architekturpreis ausgezeichnet. Wir schauen und staunen: Schön ist die Welt.

Der Welterbe-Weinberg ist ein Beitrag der Stadt Lorch zum UNESCO-Welterbe Oberes Mittelrheintal. Die Stadt ließ hier 550 Riesling-Reben in Form des Welterbe-Signets pflanzen, die sich prächtig entwickeln. Es entsteht daraus ein edler Wein, der Lorcher Riesling Schlossberg, die Etiketten der Flaschen von Künstlern gestaltet. Dies alles freut Bürgermeister Helbing, ist es doch ein gelungenes Gemeinschaftswerk vieler Akteure. Er empfiehlt uns, im Wispertaunus-Stadtteil Lorch-Ransel den „Modernen Hausgarten" zu besuchen. Auch er gehört wie der Weinberg zur „Route der Welterbe-Gärten".

Gefragt, welche Plätze er Besuchern weiterhin gerne zeigt, nennt Helbing die Aussichtsplattform der Ruine Nollig, das wieder hergerichtete Hilchenhaus – jetzt Sitz der Tourist-Information sowie einer Vinothek – sowie den Festungsturm

Hochzeitszimmer im Strunk

Strunk aus dem 15. Jahrhundert, ebenfalls mit einer Besucherplattform. Im Obergeschoss des Turmes können sich Hochzeitspaare trauen lassen. Das hat Niveau.

Wir sehen eine Wandergruppe auf dem gerade neu angelegten Wisper Trail „In Vino Veritas". Er ist einer von insgesamt 15 neuen, zertifizierten Premiumwegen im Wispertaunus. Sieben davon führen durch das Lorcher Gebiet. „Dieses werthaltige Projekt gemeinsam mit anderen begonnen und durchgesetzt zu haben, darauf bin ich besonders stolz", sagt Helbing und fügt hinzu: „Wir heißen jetzt Wanderer aus ganz Deutschland und Europa willkommen und leisten so einen nachhaltigen Beitrag für unsere strukturschwache Region."

Wir gehen zusammen den Geologischen Rundwanderweg weiter. Der einstündige Spaziergang ist besonders Eltern, die mit ihren Kindern unterwegs sind, zu empfehlen. Bizarre Felsformationen und erklärende Schautafeln führen ein in die Erdzeitalter und die Gesteine des Rheintals und des Wispertaunus. Der Rundwanderweg wurde zusammen mit der Fachhochschule Geisenheim im Rahmen des Projektes „Terroir Hessen" entwickelt, auch dies ein Gemeinschaftswerk.

Zurück am Rathaus entlassen wir Jürgen Helbing in seine Amtsgeschäfte und erforschen weiter die Stadt Lorch. Vorher haben wir uns in der Tourist-Information im Hilchenhaus das Faltblatt „Das historische Lorch" besorgt. Es bietet vier Routen von jeweils etwa einer Stunde an, gut ausgeschildert, mit vorbildlich erklärenden Tafeln an den einzelnen Stationen. Das alles wollen wir hier nicht wiederholen, vielmehr haben wir einen eigenen Rhein-Wisper-Rundgang erarbeitet. Denn die Wisper und der sie aufnehmende Rhein interessieren uns besonders. Auch unsere Route schafft man in etwa einer Stunde.

Wir stellen unser Auto auf dem Parkplatz „Wispermündung" an der Ortseinfahrt ab. An diesem Punkt beginnen auch die offiziellen Rundgänge. Von hier aus haben wir einen schönen Blick auf die Burgruine Nollig, das Hilchenhaus und den Strunk. Jetzt gehen wir durch die Unterführung auf den Rad- und Fußgängerweg direkt am Rhein. Wir schauen hinab auf die Wispermündung, kommen

Wispermündung, Blick auf St. Martin

auf einem wilden Pfad direkt an den Rhein. Im Sommer bei niedrigem Wasser ist das für Kinder ein schöner, natürlicher Wasserspielplatz. Mit viel Glück kann man im Herbst beobachten, wie sich Lachse oder Meerforellen, aus dem Atlantik kommend, die Wisper hochschlängeln, um weiter oben zu laichen. Jedenfalls kann man sich deren Reise da unten am Wasser so vorstellen. Manchmal warten die Fische im Rhein auch ab, bis der Wasserstand der Wisper zum Hochschwimmen ausreicht, oder sie laichen direkt an der Mündung.

Nun gehen wir auf dem Fußweg einige Minuten rheinaufwärts zur Autofähre. Man sieht sie schon von Weitem. Neben uns der Rhein, er fließt hier schnell. Wir schauen auf das Wasser, sehen hie und da einen Fisch springen, vielleicht nach einem Fluginsekt schnappend. Der Rhein ist wie die Wisper wilde Natur. Die 36 Fischarten entwickeln sich ganz ohne menschliche Hilfe. Die Raubfische Hecht bzw. Wels werden metergroß.

Mit der Fähre unternehmen wir eine Mini-Kreuzfahrt auf dem Rhein, fahren für kleines Geld nach Niederheimbach und ohne Auf-

Blick von der Fähre auf Lorch

Weingüter in der Rheinstraße

enthalt wieder zurück. Es geht vorbei an der Rheininsel „Lorcher Werth“, ein Vogelschutzgebiet. Am Rand der Insel sehen wir Wasservögel. Der Blick von der Fähre auf die Weinberge und Lorch ist wunderschön, auf der gegenüberliegenden Rheinseite präsentieren sich einige Burgen: Rheinromantik pur! Und: Die Fähre beweist, dass Flüsse nicht nur trennen, sondern auch verbinden, hier Rheinhessen und den Rheingau. Besonders reizvoll lässt sich dies auf dem Weg „Rhein über“ erwandern, der Routen in Lorch und Niederheimbach umfasst. Die Karte hierfür samt gastronomischen Angeboten für unterwegs gibt es auf der Fähre und im Hilchenhaus.

Die „Kreuzfahrt“ ist beendet. Wir queren mittels einer Unterführung die Straße und gehen auf der Rheinstraße zurück zum Parkplatz.

Wisper in Lorch

Es ist ein romantischer Weg, vorbei an alten Weingütern, Gutsschänken und Winzerwirtschaften mit einladenden Terrassen und Weingärten. Am ehemaligen Gasthof „Zum Schwan" (Haus Nr. 11) lesen wir, dass hier im Jahre 1912 Kaiser Wilhelm II. gastierte, das Hotel „Zur Krone" (Haus Nr. 27) war ehedem die Ausspann- und Poststation des Unternehmens Thurn und Taxis – alles ehrwürdig historisch.

Vom Parkplatz aus gehen wir erst einmal geradeaus am Rhein entlang zum Schiffsanleger, erbaut im Jahre 1926. Wer will, kann in der Gaststätte „Im Rheintal", mit großer Terrasse, eine Rast einlegen und die Aussicht auf die andere Rheinseite genießen.

Nach diesem Abstecher geht es nun weg vom Rhein durch die Unterführung in die Stadt, vorbei an der Station Leprosen- oder Siechenhaus von 1569 zur alten Wisperbrücke. Direkt links von der Brücke steigen wir ein paar Stufen hinab zum Bach. In einem winzigen Park laden eine Bank und ein schöner Baum zum Nachdenken über Gott und die Welt ein. Seufzerallee heißt die Örtlichkeit.

Seufzerallee

Hotel „Im Schulhaus"

Nun gehen wir ein kurzes Stück direkt an der Wisper entlang, könnten an dieser Stelle mit den Füßen mal bequem ins Wasser steigen – und gehen dann über eine Treppe hoch zur Wisperstraße. Weiter bachaufwärts kann man an tieferen Stellen manchmal Forellen „stehen" sehen. Wir kommen zur Station Stein'scher Hof, dem ehemaligen Sitz der Reichsgrafen und Ritter vom Stein (Haus Nr. 20), gehen nach dem Haus Nr. 32a über die Wisperbrücke – mit einem letzten Blick auf den Bach – und kommen auf die belebte Schwalbacher Straße. Stadtauswärts liegen links im „Bürgerhaus" das Ristorante Etna mit einer sehr zu empfehlenden Küche und etwas weiter die ehemalige Wisperschule, ein beeindruckendes Kulturdenkmal im Bauhaus-Stil, jetzt werthaltig und liebevoll zum Hotel „Im Schulhaus" umgewidmet. Die Chefin des Hauses, Franziska Breuer-Hadwiger, hat für ihre touristisch interessierten Gäste stets gute Tipps für Ausflüge in den Wispertaunus zur Hand. Wir gehen zurück zum Auto. Der Rhein-Wisper-Rundweg ist geschafft. Jetzt auf ins wilde Wispertal!

Rechts und links der Wisperstraße

Rechts und links der Wisperstraße

Von Station zu Station

Die nächsten Seiten funktionieren wie ein kleiner Reiseführer in sich – mit 31 Stationen an der Landesstraße 3033, der sogenannten „Wisperstraße". Die Fotos sollen Ihnen das Finden der Stationen erleichtern und einen ersten Eindruck vermitteln. Suchen Sie sich die Station aus, bei der sie im Wispertal erstmal Halt machen oder von der aus Sie nach rechts oder links den Wispertaunus näher erkunden wollen. Bei den Gaststätten und Forellenhöfen haben wir keine Öffnungszeiten angegeben, weil diese sich immer wieder ändern. Auf unseren Service-Seiten finden Sie aber die Adressen und Webseiten. Auf der Wisperstraße von Station zu Station – viel Spaß dabei!

Station 00

Lorch am Rhein mit vielen Einkehrmöglichkeiten in Gaststätten oder bei Winzern, siehe Kapitel „Lorch: Kleinod an Rhein und Wisper", siehe auch die Webseite www.lorch-rhein.de.

In Lorch zum Wisper Trail 01 „In Vino Veritas". Von Lorch aus mit der Bahn oder mit dem Auto rheinabwärts nach Lorchhausen zum Wisper Trail 02 „Rhein-Wisper-Glück".

Station 01: 0,3 km nach Ortsausgangsschild // links

Straße nach Sauerthal (3,5 km) und Ransel (7 km) entlang des in die Wisper mündenden Tiefenbaches. Sauerthal mit Ruine Waldeck und Sauerburg. Ransel mit gut ausgestattetem

„Landmuseum“ und Restaurant „LandArt“ sowie Café & Alte Weinstube „Bäckers Röschen“.

In Ransel: Wisper Trail 03 „Ranseler Höhenrausch“.

Station 02: 1,1 km Firma Schlaadt, Tor 3 // rechts

Wanderwege durch Berge und Kerbtäler zurück nach Lorch (ca. 3 km) oder entlang der Wisper und dem Grolochtal bis Presberg mit Gasthof „Wisperhöhe“ und Gaststätte „Forsthaus Weißenthurm“ (ca. 7 km).

Station 03: 1,5 km // rechts

Wildromantische Passfahrt auf Landesstraße nach Presberg (4,5 km). Von dort toller Weitblick bis in den Hunsrück. Oder vom Pfaffental Wanderung entlang Grolochbach bis Forsthaus Weißenthurm oder auf halbem Weg über Naturschutzgebiet Guntal bis zur Eisernen Hand (ca. 6 km) und von dort über den Rheinhöhenweg zurück nach Lorch (ca. 12 km).

In Presberg: Wisper Trail 14 „Via Monte Preso“.

Station 04: 1,5 km // rechts

Parkmöglichkeit gegenüber Forellenhof. Kulturdenkmal Daubenauer Sauerbrunnen, massives Brunnenhaus, erbaut um 1920. Besichtigung über Forellenhof „Wisperforelle“, Betriebsstätte 2, Fischverkauf. // Links: Wandermöglichkeit vorbei am Naturschutzgebiet Schittkamm bergauf bis nach Ransel (ca. 4 km).

Station 05: 1,8 km // links

Bundeswehrtunnel, Parkmöglichkeit, Einmündung des Ranselbaches in die Wisper, Wandermöglichkeit bergauf durch den Tunnel bis nach Ransel entlang des Ranselbaches (ca. 4 km).

Station 06: 1,2 km // links

Waldweg endet in der Wisperstraße am Einlauf des Herrnsbaches in die Wisper. Über Waldweg ist mit beschwerlichem Aufstieg Ruine Rheinberg (11. Jh.) zu erreichen (ca. 1 km). // Rechts: Zufahrtsbrücke zum Haus Rheinberg (Fortbildungsstätte der ThyssenKrupp Technologies AG).

Station 07: 0,5 km // rechts

Café Galerie „Alte Villa".

Station 08: 0,3 km // rechts

Parkmöglichkeiten gegenüber der Kammerburg mit großer Wanderkarte „Rheingauer Gebück". Der Rheingauer Gebück-Weg kreuzt 100 Meter oberhalb Kammerburg rechts am Einlauf des Ellmacherbaches in die Wisper. Von dort bergauf Wanderung über Adolfshöhe und Mühlberg bis zum Forsthaus Weißenthurm auf 450 Meter Höhe möglich. // Links: Abfahrt auf Kreisstraße K 627 nach Ransel (8 km) mit Landmuseum und nach Wollmerschied (6 km) und Lipporn (8 km). 100 Meter hinter der Brücke über die Wisper rechts Wanderweg (Fortsetzung Taunushöhenweg) Richtung Wollmerschied (ca. 4 km).

In Ransel: Wisper Trail 08 „Ranseler Höhenrausch“ und in Wollmerschied: Wisper Trail 04 „Wollmerschieder Grenzweg“.

Station 09: 1 km // rechts

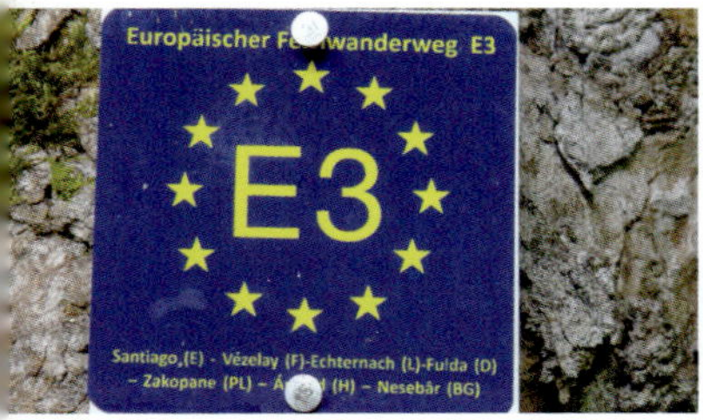

Kleiner Parkplatz an Wisperbrücke, Mündung des Ellmacherbaches in die Wisper. Taunushöhenweg (T, Butzbach – Kaub, Europäischer Wanderweg E3) kommt von rechts entlang des Ellmacherbaches von Forsthaus Weißenthurm (ca. 7 km), Fortsetzung gegenüber der Kammerburg.

Station 10: 0,5 km // links

Parkplatz Fußenwiese, Wandermöglichkeit nach Espenschied (4 km).

Station 11: 0,5 km // rechts

Hermannsteig, Einmündung des Ernstbaches in die Wisper. Wanderweg kreuzt (umgelegtes U, Oestrich – Winkel – Kemel). Permanenter Aufstieg über fast 10 km bis zum Erbacher Forsthaus oberhalb Niedergladbach. Parkmöglichkeit an der Wisper am „Graffiti-Schuppen“.

Station 12: 0,9 km // rechts

Großer Parkplatz „Exerzierwiese“, Spiel- und Picknickwiese.

Station 13: 0,7 km // Zentraler Erlebnisort der Wisperstraße

Links: Wanderparkplatz Wispertalsteig und weitere markierte Rundwanderwege. Torbogen zum Denkmal Reichsarbeitsdienst-Lager 5/257 „Gottfried Keller" (1934 bis 1945). Restaurant-Café „Laukenmühle", Wurstverkauf, Mühlrad. Straße nach Espenschied (2 km) mit Gasthaus „Zur Linde" und Gasthof „Dorfschänke", wildromantische Passfahrt. Von Espenschied weiter nach Welterod. In Welterod „Am Ziegenkopf" (485 m über NN) Naturschutzgebiet Wachholderheide. Von dort weiter nach Strüth, ehem. Benediktinerkloster Schönau mit „Eine-Welt-Haus". // Rechts: Alte Laukenmühle (1377) mit Forellenteichen, Wisperforelle Betriebsstätte 1, Fischverkauf. Ruine Lauksburg (1390).

In Espenschied: Wisper Trails 05 „Wispertalsteig" und 06 „Wispertaler Krönchen".

Station 14: 1 km // links

Forstgut Lauksburg, Ferienwohnungen mit wunderschön angelegtem Garten. // Rechts: Wanderweg „Roter Balken“ Espenschied – Eltville über Erbacher Forsthaus. Strecke auch gut für Mountainbiker nutzbar.

Station 15: 1 km // links

Parkplatz „Herzbach“ mit Spiel- und Picknickwiese oberhalb des Baches. Holzbrücke über die Wisper zur Liegewiese.

Station 16: 0,2 km // links

Parkmöglichkeit, Einmündung des Herzbaches in die Wisper, markierter Rundwanderweg rechts und links des Herzbaches zwischen Neumüllersberg und Naturschutzgebiet Ruhestein. An der oberen Schleife des Rundweges traumhafte alte, gestückte Brücke aus Schiefersteinen.

Station 17: 1 km // Geroldstein

Rechts: Wege zu den Ruinen Geroldstein und Haneck. Gaststätte & Bikertreff „Wisperstube". // **Links:** Hinter der Brücke Kinderspielplatz. Mehrere Wandermöglichkeiten.

Station 18: 1 km // rechts

Haltebucht 1 km nach Ortsausgangsschild Geroldstein. Wildromantischer Waldweg um den Matlesgraben.

Station 19: 0,4 km // links

Über die Betonbrücke Wanderweg „Raute", Nauroth – Eltville am Rhein. In Nauroth kann man die „Naurother Schweiz" erwandern. Oder nur entlang der Wisper bis Geroldstein (180-Grad-Kehre der Wisper oberhalb Geroldstein).

Station 20: 0,2 km // rechts

Straße nach Niedergladbach (3 km), Obergladbach (6 km) und nach Hausen v. d. H. (9 km). 400 Meter nach Abfahrt Niedergladbach liegen Waldgaststätte Matzenmühle und Campingplatz. Wandermöglichkeiten von der Matzenmühle bis zum Erbacher Forsthaus (ca. 4,5 km). Besonderes Ereignis in Niedergladbach ist der Almauftrieb am 3. Wochenende im Mai.

In Hausen und Fischbach: Wisper Trail 12 „Der Überhöhische". In Ober-/Niedergladbach: Wisper Trail 13 „Gladbacher Almauftrieb".

Station 21: 1 km // links

Straße nach Dickschied mit ehemalige Wehrkirche (3 km) und Nauroth (6 km). „Kleine Wisper" und Dornbach vereinigen sich hier zur Wisper. Die „Wisperstraße" führt jetzt den Dornbach aufwärts. Großer Wanderparkplatz mit regionaler Karte und Info-Tafel „Wisper Trails". Restaurant Café „Hexenmühle" im Ort Wisper oberhalb des Wispersees.

In Dickschied: Wisper Trail 07 „Dickschieder Wildwechsel".
In Nauroth: Wisper Trail 08 „Naurother Grubengold".

Station 22: 1,4 km // rechts

Kurz hinter Riesenmühle Straßengabelung nach Langenseifen (3 km). Unter der Brücke vereinen sich Dornbach und Fischbach. // Links: Weiter entlang der Wisperstraße Richtung Ramschied (5 km).

In Langenseifen: Wisper Trail 11 „Schwälbchens Flug".

Station 23: 1 km // rechts

Parkplatz „Dornbach-West“ mit Spiel- und Picknickwiese.

Station 24: 0.2 km // links

Straße nach Springen (2 km) entlang des Dornbaches, nach Wisper (4 km) und nach Kemel (6 km).

In Wisper: Wisper Trail 09 „Wisper Geflüster“.
In Kemel Startpunkt des Wisper Trails „Wispertaunussteig – von der Wisperquelle nach Lorch am Rhein“.

Station 25: 1,1 km // rechts

Campingplatz „Wisper-Park“ mit Gaststätte.

Station 26: 1 km // links

Straße nach Heidenrod-Watzelhain (2 km) und Heidenrod-Kemel (5 km). Echsenbiotop am Felsen an der Straßenabzweigung. // Rechts: Pferdekoppel und Wiese mit Feuchtbiotop.

In Watzelhain: Wisper Trail 10 „Im Wisper Outback“.

Station 27: 0,6 km // rechts

Parkmöglichkeit am Klärwerk. Einmündung Aulbach in den Dornbach. Hinter der Brücke über den Dornbach Wisperwanderweg „W“ Bad Schwalbach – Lorch und Radweg.

Station 28: 0,5 km // links

Wanderparkplatz unmittelbar vor dem Friedhof und dem Fußballplatz von Ramschied. Wisperwanderweg „W“ kreuzt. Ferner ein Rundwanderweg (Elchschaufel).

Station 29: 0,7 km // Ramschied

Radweg kreuzt an der Gaststäte und Pension „Zum Wispertal“.

Station 30: 2,3 km

Ende der Wisperstraße. L 3033 mündet in Bäderstraße B 260. // Rechts: Bad Schwalbach (4 km), Schlangenbad (8 km), Wiesbaden (23 km).

Station 31: Wisperquelle 6 km // links

Wisperquelle: Auf der Bäderstraße ab Station 30 (5,9 km) Richtung Koblenz zur Quelle der Wisper. 2 km hinter Kemel links abbiegen nach Mappershain, 200 Meter (noch vor dem Ortsschild) links am „Quellenhof Weber“ abbiegen. Nach 200 Metern Parkplatz und Mini-Campingplatz an der Wisperquelle.

An der Wisperquelle Startpunkt des Wisper Trails „Wispertaunussteig“ nach Lorch am Rhein.

Espenschied und der Wispertalsteig

Espenschied und der Wispertalsteig

Der Vorsitzende des Heimat- und Kulturvereins erzählt und führt

Beide sind etwas ganz Besonderes und gehören zusammen: der Höhen- und Erholungsort Espenschied sowie der Wispertalsteig. Den Premium-Wanderweg und den für Gäste aufgeschlossenen Ort sollte man sich nicht entgehen lassen. Otto Mainz, bis 2019 Vorsitzender des Heimat- und Kulturvereins, erschließt uns Dorf und Steig.

Wir sitzen in Wanderkleidung auf einer Bank am liebevoll gestalteten Espenschieder Dorfplatz mit Dorflinde und Brunnen und blicken auf den markanten Zwiebelturm der barocken Sankt Nikolaus-Kirche sowie auf die „Linde“, eines der beiden Dorfgasthäuser. Otto Mainz erzählt.

Otto Mainz

Mit dem Gasthaus verbindet er eine seiner schönsten Jugenderinnerungen. Kurz bevor er seinen Heimatort schon als Jugendlicher verließ, gründete er mit anderen den „Sängerkreis Zur Linde“. Das Projekt erwies sich als beständig. Denn heute noch treffen sich hier jeden Sonntag Musiker und Sangesfreudige von Nah und Fern zum gemeinsamen Singen und Musizieren. Der Gesangverein „Eintracht“ sowie die Lindenwirtin Helga Elben-Naderhoff halten das alles zusammen. Ihr Vater Franz Klee, ebenfalls Mit-

Gasthaus „Zur Linde"

gründer des Sängerkreises, war viele Jahre Vorsitzender des Heimatvereins und wurde für sein Engagement mit dem Ehrenbrief des Landes Hessen ausgezeichnet. Ihr Ehemann wiederum, Ulrich Naderhoff, ist seit 2019 der Nachfolger von Otto Mainz als Vorsitzender des Heimat- und Kulturvereins.

Otto Mainz studierte in Witzenhausen, seine Abschlussarbeit als Agraringenieur aber thematisierte wiederum die historische und aktuelle Entwicklung Espenschieds. Nach seinen Berufsjahren ist er nun wieder zurück.

Nebenbei hatte Mainz Musik studiert und half zwischen Wiesbaden und Basel als Opernsänger aus. Da begeistert es ihn, dass seit einigen Jahren von der Opera Classica Europa auf dem Espenschieder Dorfplatz große Opern aufgeführt werden, so „Nabucco" oder „Tosca". Die damit verbundene Internationale Opernakademie hat inzwischen ihren Sitz in Espenschied.

Espenschied und Musik: Das hat mit der Historie des katholisch geprägten Ortes und der Mentalität der Einwohner zu tun, meint

Dorfschänke

Otto Mainz. In seiner akademischen Abschlussarbeit schrieb er: „Die Espenschieder sind singfreudige, fröhliche Menschen. In den Nachbargemeinden spricht man, wohl nicht ganz ohne Neid, von dem ‚leichtlebigen Volk'."

Mit dieser Grundeinstellung war es für Espenschied nicht schwer, zu einem bekannten Fremdenverkehrsort aufzusteigen. In seiner besten Zeit kamen jährlich über 30.000 Übernachtungen zusammen. Der Pauschal- und Flugtourismus des vorigen Jahrhunderts stoppte den weiteren Aufstieg. Jetzt geht es laut Otto Mainz wieder aufwärts. Dazu leistet der Wispertalsteig einen wertvollen Beitrag.

Bevor wir uns dem Wanderweg widmen, gehen wir noch in die Dorfmitte, nur ein paar Meter weiter. Wir kommen an der „Dorfschänke" vorbei, einer der zehn ältesten Gasthöfe Deutschlands, deren Gaststube ist umwerfend urig-antik. Neben feinen Wildgerichten und Spezialitäten aus aller Welt steht die Wisperforelle auf der Speisekarte. Der Forellenhof unterhalb der Lauksburg im Wispertal gehört zum Ort. Der Gasthof bietet auch stilvoll eingerichtete Zimmer an.

Wir gehen auf dem Laukenmühler Weg zum Haus Nr. 13, ein „Erdbau" von 1868 aus gestampftem Lehm, eine Rarität unter Denkmalschutz. Das Haus Nr. 14 gegenüber ist auf alte, typische Art mit Wisperschiefer verkleidet. Espenschied war ehedem ein armes Dorf, man wollte möglichst mit heimischem Material auskommen. Das zeigen auch weitere Fachwerkhäuser mit Schieferdächern im Ort.

Die erste urkundliche Erwähnung von Espenschied stammt aus dem Jahre 1187. Seit 1977 gehört der Ort zur Stadt Lorch am

Haus Laukenmühler-weg 14

Rhein. Heute ist Espenschied, 460 Meter hoch im Naturpark Taunus gelegen, mit etwa 350 Einwohnern ein staatlich anerkannter Luftkurort. Das Hochplateau ist sonnenreich, langgestreckte, bewaldete Höhenzüge schirmen das Dorf nach Norden gegen rauhe Winde ab. Etwa 100 Gästebetten stehen zur Verfügung.

Jetzt endlich gehen wir direkt auf den Wispertalsteig zu, wieder am Gasthof „Zur Linde“ vorbei. Das ist ein gut markierter und ausgeschilderter Rundwanderweg von knapp 15 Kilometern Länge. Mit vier bis fünf Stunden Laufzeit ist zu rechnen. Man kann alternativ auch nur neun Kilometer gehen, kommt so auf einem eigens markierten Zuweg nach Espenschied zurück – und kann eventuell die restliche Strecke später ablaufen. Eine spezielle Karte mit genauer Wegbeschreibung gibt es in den Tourist-Informationen von Lorch und Espenschied sowie als Download unter: www.wispertalsteig.de. Gleichzeitig ist der Wispertalsteig jetzt einer der neu angelegten Wisper Trails (www.wisper-trails.de), die wir ab S. 104 vorstellen.

Hochebene

Wir laufen los. Otto Mainz berichtet, wie sein Vorgänger im Vorsitz des Heimat- und Kulturvereins, Bruno Karlsson, die Idee in die Tat umsetzte, einen Wanderweg durch die Gemarkung des Ortes zu führen, aber im Premium-Format, damals eine ganz neue Einrichtung. So entstand im Jahre 2009 der erste zertifizierte Premium-Wanderweg im Taunus. Was heißt das? Es ist kein Weg mit besonderen Schwierigkeiten, ganz im Gegenteil, mit besonderem Komfort, auf gut begehbaren Wegen, abwechslungsreich, durch freies Feld, tiefe Wälder, entlang von kleinen Wasserläufen und der größeren Wisper, durch eingekerbte Täler, vorbei an Felsvorsprüngen und Aussichtspunkten. Einige Schrifttafeln unterwegs informieren knapp und verständlich über Sehenswürdigkeiten am Wegrand. Der Premium-Wanderweg bietet also viel und ist so auch für mitwandernde Kinder unterhaltsam und lehrreich.

Die Wegbeschreibung auf der Wanderkarte für den Steig bezeichnet 42 „Erlebniswerte". Wir wollen das alles hier nicht im Einzelnen wiederholen, sondern in größere Zusammenhänge einordnen. Neben den Erläuterungen von Otto Mainz greifen wir auf eine Wanderung mit dem in Wiesbaden ansässigen Nassauischen Verein für

Naturkunde zurück, bei der Dr. Michael Weidenfeller vom Landesamt für Geologie und Bergbau des Landes Rheinland-Pfalz geografische und geologische Besonderheiten erklärte.

Michael Weidenfeller

Wir befinden uns zunächst auf einer Hochebene. Auf dieser Fläche waren im Gegensatz zu den extrem steil abfallenden, bewaldeten Tälern seit jeher Ackerbau und Viehzucht auf allerdings kargen Böden möglich. Von hier oben sehen wir die weiteren, ebenfalls zu Lorch gehörenden Höhendörfer Ransel und Wollmerschied. Der im Taunus häufige Namensbestandteil „-schied" weist darauf hin, dass sich Siedler durch eine Rodung vom umgebenden Wald abgrenzten. Bei passendem Wetter geht der Blick bis weit über den Rhein hinweg und bis zum Feldberg im Hochtaunus. Espenschied liegt, von oben gesehen, geduckt in einer Mulde, ein sehr schönes Bild.

Wir gehen nun über die Hochebene, dann ein längeres Stück am Waldrand entlang und steigen ein in den wilden Wisperwald. Ein kurzer Stichweg führt uns bald zum „Saurier-Fels", einer von mehreren Felsnasen entlang des Weges, Aussichtspunkte von besonderer Romantik. Die Felsnasen auf dem Steig allein lohnen schon den Ausflug. Wir können weit ins Land blicken. Auf dem kargen, sauren Boden wachsen Heidekraut und schönes Weißmoos. Kleinwüchsige Traubeneichen oder bizarre Zwergkiefern erinnern an den Süden Europas. Der Fels aus quarzitischem Sandstein trotzt der Erosion durch seine härtere Beschaffenheit im Vergleich zum angrenzenden Schiefer, der leichter verwittert und abgetragen wird. Dadurch heben sich die Felsnasen von der direkten Umgebung ab. Oft durchziehen kleine Quarzgänge den Schiefer. In größeren Gängen glitzert der Quarz, hier haben sich Bergkristalle gebildet.

Quarzgestein

Zurück auf dem Hauptweg finden wir etwas später einen weiteren Stichweg zu einem etwa 100 Jahre alten Stollenmundloch, ein Hinweis auf den Schieferabbau in früherer Zeit. Hier kommt man, so man will, geduckt 18 Meter weit in den Berg hinein. Dieser und viele weitere schon ganz zu Beginn des Einstiegs vergitterte Stollen am Wegesrand bieten Fledermäusen Unterschlupf. Die Löcher sind Zeugnisse des Schieferabbaus im 19. und 20. Jahrhundert. Er war neben der Holzwirtschaft eine wichtige Erwerbsquelle. Im Jahre 1860 wurde Espenschied das Recht gewährt, Dachschiefer aus dem Berg herauszuholen. Dazu eignet sich nur der unverwitterte schwarze Schiefer, der in den tief eingeschnittenen Tälern vorkommt. Nach ihm wurde eifrig gegraben. In unserer Zeit hat der preiswerter zu gewinnende Dachschiefer aus südeuropäischem Tagebau den deutschen weitgehend verdrängt. Im Wispertaunus ist der Bergbau gänzlich erloschen.

Links oben: Saurierfels; links unten: Ausblick Drachenfelsen

Stollenmundloch

Vom Weg aus sehen wir den Schiefer, der mal senkrecht, mal waagerecht lagert, ein Hinweis auf die ehemalige Faltung des Gebirges. Am Hang und auf dem Weg selbst liegen herausgebrochene zerbröselnde Stücke. Schiefer allerorten, wir sind eben im Rheinischen Schiefergebirge unterwegs. Es entstand vor etwa 400 Millionen Jahren als Ablagerung in einem großen Meeresbecken und durch das anschließende Zusammenschieben von Erdplatten. Damit ist es also erdgeschichtlich gesehen sehr alt. Das Schiefergebirge hebt sich immer noch, mehr als zehn Zentimeter pro tausend Jahre, eine vergleichsweise junge Dynamik, die sich auch in schwachen Erdbeben äußert.

Die Heraushebung des Schiefergebirges mit dem Taunus führte zu einer starken Erosion. Die kleinen Wasserläufe, aber auch die Wisper und der Rhein gruben sich sehr tief ein und schufen so extrem steile Abhänge. Schaut man von den Wegen abwärts, wird klar: Ein Hinabklettern ist oft kaum möglich, das Halten von Vieh auch nicht. Diese steilen Täler ohne Talsohle mit meistens einem Bachlauf und durchgehendem Wald werden „Kerbtäler" genannt. Sie sind charakteristisch für die Entwässerung im Wispertaunus zum

Werkerbrunnen

Rhein hin. Der Rhein hat sich über die Zeiten hinweg tief in das Gebirge eingegraben und dabei im Wechsel von Eiszeiten und Warmzeiten seine Flussgerölle in verschiedenen Höhenniveaus hinterlassen. Sie werden als Terrassen bezeichnet. Die ältesten Terrassen finden sich oberhalb des Engtals, die jüngeren nahe dem heutigen Fluss.

Die Kraft der Erosion erkennen wir, wenn wir von unserem Weg in den zurzeit rinnsalähnlichen Sauerbornbach blicken. Die regelmäßigen Hochwasser untergraben immer wieder seine Böschungen. Im Bachbett liegen größere Schieferplatten oder auch Quarzbrocken, die mit dem nächsten Hochwasser weiter in die Wisper und in den Rhein transportiert werden. Manchmal wird der Steig wegen Hochwasser gesperrt.

Wir gehen weiter den Sauerbornbach entlang und kommen zu einem stilvollen Brunnenhaus, dem „Werkerbrunnen". Wir lesen, dass die Nutzung auf eigene Gefahr geschieht und es sich nicht um Trinkwasser handelt, wagen aber dennoch Probeschlucke. Das Wasser schmeckt etwas säuerlich, der leichte Kohlensäuregehalt ist angenehm.

Sauerquellen kommen im Wispertaunus häufig vor. Der Werkerbrunnen wurde vor etwa 200 Jahren gefasst, sein Wasser als Naturheilmittel gewerblich genutzt. Es war die Zeit, als Wiesbaden zum Weltkurbad aufstieg, als „Heilwässern" aller Art besondere gesundheitliche Wirkungen zugeschrieben wurden. Unser Heilwasser hier wurde in schönen Steingutflaschen abgefüllt und verkauft.

Wir gehen nun auf einem eindrucksvoll schmalen Bergpfad aufwärts durch einen typischen Eichen- und Buchenwald und kommen an einem der vielen ehemaligen Köhlerplätze vorbei. Wenn man mit den Schuhen ein bisschen scharrt, findet man noch Holzkohlestückchen. Die Produktion von Holzkohle war eine auch im Wispertaunus weitverbreitete Erwerbsquelle.

Wir erreichen aufwärtsgehend wieder die Espenschieder Hochebene, genießen den Weitblick über den Taunus und beschließen, dass es für heute genug ist. Wir haben die eine Hälfte des Wispertalsteiges bewältigt, gehen zurück nach Espenschied und krönen die Wanderung mit einem zünftigen Einkehrschwung.

Begegnung mit einer Wandergruppe

Am nächsten Tag gehen wir von Espenschied zur Wegkreuzung zurück und steigen auf dem Heuweg über den Steinigeberg zur Wisper ab. Dort erwartet uns die Sicht auf die Ruine Lauksburg, erbaut im Jahre 1390. Unterhalb der Burg liegen romantisch die Teiche des Forellenhofes am Platz der historischen Laukenmühle sowie die Gaststätte „Laukenmühle". Das ansonsten sehr enge und durchgehend bewaldete Wispertal bildet hier überraschend die breiteste ebene Fläche im Tal und erlaubt so größere Aktivitäten. Ungeklärt ist, ob der Name „Laukenmühle" sich aus dem gotischen „lukan" ableitet, was so viel wie „biegsam" bedeutet – die Wisper schlägt hier einen großen Bogen – oder ob der Name auf die künstlich geschaffene Felsluke hinweist, durch die der Mühlgraben heute noch fließt.

Auf dem Weg ganz hinab zur Wisper erblicken wir in der Landschaft zunächst lange steinerne Freitreppen in einer Kastanienallee, unten an der Wisperstraße einen großen Torbogen und einen Gedenkstein. Es handelt sich um die Reste des unter Denkmalschutz stehenden

Rechts oben die Ruine Lauksburg, links der Forellenhof

RAD-Torbogen

Lagers „Gottfried Keller“ des Reichsarbeitsdienstes (RAD). Die Arbeitsmänner, in mehreren Holzhäusern untergebracht, legten Forstwege an, sicherten die Wisper gegen Hochwasser und waren im Straßenbau tätig. Viele stammten aus der näheren Umgebung.

Vorläufer des RAD war der 1931 in der Weimarer Republik eingeführte „Freiwillige Arbeitsdienst“ (FAD). Im Rahmen des FAD sollte die Reichsanstalt für Arbeit gemeinnützige Arbeiten der unterschiedlichsten freien Träger fördern. Ziel war, so zum Abbau der hohen Jugendarbeitslosigkeit beizutragen. Die Nationalsozialisten schalteten nach ihrer Machtübernahme 1933 die freien Träger schnell aus und machten 1935 den Arbeitsdienst zur Pflicht. In den folgenden Jahren traten die ideologische Ertüchtigung und die vormilitärische Ausbildung deutlich in den Vordergrund. Im Zweiten Weltkrieg schließlich wurde der RAD als Bautruppe zu einem Teil der Kriegsmaschinerie.

Restaurant & Café „Laukenmühle"

Nach diesem historischen Abstecher in Stein wenden wir uns wieder dem Steig zu.

Der Parkplatz in der Kurve kurz vor der Laukenmühle bietet sich als alternativer Startpunkt für den Wispertalsteig an. Kommt man von Espenschied, – wie wir jetzt – ist eine Wanderpause im Restaurant „Laukenmühle“ angebracht. Wir nehmen auf der großen Sonnenterrasse Platz. Klaus Schifferstein begrüßt uns. Wir hören im Gespräch mit ihm, dass die Laukenmühle seit nunmehr über 410 Jahren im Besitz der Familie ist. Das nennt man Tradition.

Nach der Rast gehen wir hinten an der Laukenmühle vorbei den Dorfbach hoch, ziemlich steil, und kommen zurück nach Espenschied. Vorher konnten wir an einem Stichweg nochmals den weiten Ausblick von der Felsnase „Omas Ruh“ genießen. Wir haben es geschafft. Der Premium-Wanderweg hat seinem Ruf alle Ehre gemacht.

Klimatherapie in Espenschied

Klimatherapie in Espenschied

Der Medicus empfiehlt: Bewegen und genießen

Wir treffen den Medicus in der Dorfschänke von Espenschied. Dr. med. Hubertus Schneider sorgt für die Gesundheit der Einheimischen. Er ist aber auch da für die Gäste des staatlich anerkannten Erholungsortes, die das Heilklima nutzen wollen. Er setzt auf Bewegung in der Natur und maßvollen Genuss guter Dinge.

Hubertus Schneider praktiziert seit dem Jahre 1989 als typischer Landarzt in Espenschied. Wir sind mit ihm schnell per Du. Was bringt der Erholungsort gesundheitlich? Im Ort selbst werden überdurchschnittlich viele Einwohner über neunzig Jahre alt. Das führt Hubertus auf das milde Reizklima, die saubere Luft mit dem reichlich vorhandenen Sauerstoff und die entspannende, fast himmlische Ruhe zurück. Wer aber aus den Niederungen der Großstädte hier heraufkommt (450 m über NN) und einige Tage bleibt, auf den wirken diese Reize besonders stark und heilsam. Die Gäste spüren sofort die Südhanglage, den warmen Wind vom Rhein her, die vielen Sonnenstunden, die Abkühlung in der Nacht, das Heilklima eben.

Hubertus Schneider

Klimatherapie in Espenschied

Die hervorragende Luftqualität, die äußerst seltene Belastung durch Schwüle und die häufigen und therapeutisch besonders wichtigen Kältereize eignen sich im Rahmen einer Klimatherapie zur

- Behandlung von Zivilisationsleiden (z.B. Übergewicht, Bluthochdruck, Diabetes),
- Schonung und Rekonditionierung aller Körperfunktionssysteme,
- Steigerung des Trainingszustandes der Muskulatur und der Thermoregulation,
- Verbesserung des Herz-Kreislauf-Systems und von Blutdruckschwankungen,
- Behandlung von Hypertonie und Hypotonie,
- Behandlung von unspezifischen Atemwegserkrankungen und bei Rekonvaleszenz sowie Rekonditionierung bei funktionellen Syndromen.

Quelle: Flyer „Wispertalsteig" der Stadt Lorch

Hubertus erlebte bereits während seiner ersten beruflichen Station in Schlangenbad im Zentrum für Rheumatologie, wie gut Rheumakranken die Bewegung in der Natur bekommt. Im nahen Espenschied ließ er sich dann auch gerne nieder, zumal er es von den Jagdausflügen seines Vaters her schon gut kannte. Auch er ist begeisterter Waidmann – und gleichzeitig aktiver Naturschützer. Das passt bei ihm zusammen. 26 Jahre lang hat er die jagdlichen Geschicke in der Nachfolge von Dr. Kalkhof-Rose als Pächter des Espenschieder Reviers mitbestimmt.

Kommt nun ein Patient zu ihm in die Praxis, steht zunächst ein Basis-Check mit erfragter Krankenvorgeschichte an. Danach erfolgt die körperliche Untersuchung. Woran fehlt es, wie ist die Kondition? Oft verschreibt der Medicus dann erstmal pflanzliche Mittel zur Stärkung und zum Ausgleich von Defiziten. Krankengymnastik und Massagen

Sauerbrunnen

Achtsam in der Natur

Grünspecht

Seidelbast

gibt es in den Nachbarorten Welterod, Lorch und Nastätten. Die Physiotherapeuten dort machen die steifen Glieder beweglicher.

„Sich sinnvoll bewegen, geht über alles", sagt Hubertus. Daher empfiehlt er, sich auf einer Terrainkur langsam zu steigern. Zuerst geht es auf dem Plateau von Espenschied zum Reiterhof „Pathfest", die zweite Tour kann dann schon bis zum Sauerborn mitten im Wald führen. Und schließlich kommt eine längere Wanderung wie beispielsweise der Wispertalsteig dran – als halbe oder ganze Strecke mit seinen insgesamt 14,6 Kilometern. Wer dann noch nicht genug hat, findet weitere anspruchsvolle Wege zur Genüge. Wichtig ist dem Arzt dabei, dass der Gesundheitssuchende Wind und Wetter, die Landschaft, die Blumen, die Vögel und das Wild am Wegesrand achtsam wahrnimmt.

Hubertus hat sich mit Bedacht in der Dorfschänke mit uns verabredet, es hätte auch in der „Linde" am Dorfplatz sein können. Denn für ihn gehört zu einem Erholungsurlaub oder einer Terrainkur auch gut essen und trinken in den zünftigen Wirtshäusern. Sich in Ruhe was gönnen, ist seine Devise: „Warum sollen wir heute die Gabel sinken lassen, wenn wir vielleicht morgen schon den Löffel abgeben müssen?" Ein echter Hubertus-Spruch.

Wie alle Espenschieder setzt auch ihr Arzt auf die heilende Kraft von Musik und Gesang, die den Kopf frei machen von den Sorgen und Lasten des Alltags. Wenn dann abends in der Linde jemand virtuos in die Tasten des Klaviers haut und die Finger flink über die gesamte Breite der Tastatur tanzen lässt, dann ist es der Medicus, der den lieben Gästen Helgas, vor allem aber dem Männerstammtisch, seine eigenwillige Interpretation des Songs „Wenn Frauen hassen …" von Peggy Lee aus dem Westernklassiker „Johnny Guitar" vorspielt.

Als Jäger und Naturfreund hatte Hubertus einst auf einer Waldwiese den gekauften Samen einer Wildblume gesät. Die Blumen wuchsen prächtig. Ein bekannter Botaniker entdeckte sie auf einem seiner Streifzüge durch den Wispertaunus und war total begeistert: „Was hier oben neuerdings wieder alles wächst!" Hubertus musste seinen Freund aufklären. Beide haben herzlich gelacht.

Wisper Trails: Premiumwandern auf neuen Wegen

Wisper Trails: Premiumwandern auf neuen Wegen

Der hr erkundet das Wander-Projekt

Das Wisperland zu einem Wandergebiet erster Güte zu entwickeln, das hatten sich die Kommunen rechts und links des Wasserlaufes vorgenommen. Herausgekommen ist ein anspruchsvoller, 44 Kilometer langer Streckenweg von der Quelle der Wisper in Heidenrod-Mappershain bis zu ihrer Mündung in Lorch am Rhein. Dazu 14 Halbtageswanderungen in idyllischen Höhen rund um beschauliche Ortschaften. Das ergibt die insgesamt 210 Kilometer umfassenden, neuen „Wisper Trails", zertifiziert mit dem Premium-Siegel des Deutschen Wanderinstituts.
Der Hessische Rundfunk ist mit seiner Fernsehserie „Herrliches Hessen" schon mal vorgewandert. Projektleiter Robert Carrera hat die kleine TV-Wandergruppe geführt und das neue Wegenetz erklärt.

Robert Carrera

Robert Carrera, in der Taunusgemeinde Welterod beheimatet, veranstaltet beruflich Reisen nach Südamerika. Er ist aber auch gerne und immer wieder Wanderführer im Wispertaunus. Heute füllt er diese Rolle für den Hessischen Rundfunk aus. Drei Kameras und eine Drohne folgen der kleinen Wandergruppe auf ihrem Weg durch Wald und Wiesen, Carrera vorneweg, neben ihm der prominente Moderator Dieter Voss, im Hintergrund Redakteurin

Robert Carrera und Dieter Voss am Ausblick Mehrholz

Monika Kullmann. Voss stellt Fragen, Carrera antwortet kurz ins Mikrofon. In den Drehpausen ist genügend Zeit, über das Großprojekt „Premiumwandern im Wispertaunus“ ausführlich zu reden.

Mit in der Wandergruppe ist Bruno Karlsson, der ehedem als Vorsitzender des Espenschieder Heimat- und Kulturvereins den Premium-Wanderweg Wispertalsteig erdacht und verwirklicht hat. Inzwischen ist Carrera, ebenfalls Mitglied des Vereins, Wegepate des Steiges und sorgt dafür, dass auftretende Mängel sofort beseitigt werden.

Robert Carrera erzählt, wie er zusammen mit Wanderfreunden auf den Gedanken kam, für ein großes neues Premium-Wegenetz im Wispertaunus Finanzmittel der Europäischen Union (EU) sowie der Bundes- und der Landesregierung einzusetzen, alles im Rahmen von LEADER, einem Förderprogramm der EU für den ländlichen Raum. Es galt, das Projekt „Premiumwandern im Wispertaunus“ zu

Blick auf die Wisper

entwerfen und die Wispergemeinden vom Nutzen für die Region zu überzeugen. Der Heidenroder Bürgermeister Volker Diefenbach übernahm schließlich für die beteiligten Gemeinden die Federführung, Robert Carrera die Projektleitung.

Die hr-Wanderer haben inzwischen, von Espenschied kommend, die Wisper erreicht, prüfen den Kältegrad des Wassers mit den Fingerspitzen und besichtigen dann zusammen mit den Kameraleuten den Verkaufsladen des an der Wisper liegenden Forellenhofes. Die Drohne filmt die Fischteiche und die hoch oben liegende Ruine Lauksburg.

Beim Mittagstisch im gegenüberliegenden Restaurant „Laukenmühle" erklärt Carrera die Ziele des Leader-Projektes. Der neue, große Trail von der Quelle der Wisper bis zu ihrer Mündung in den Rhein verbindet zwei zertifizierte Fernwanderwege, nämlich den Limeserlebnispfad Untertaunus und den Rheinsteig. Die 14 Rund-

Besuch im Laden des Forellenhofes

wanderwege im Halbtagesformat erschließen die Höhenzüge des Wispertales und glänzen durch wunderschöne Ausblicke auf ein wahrhaft wildes Waldgebiet, auf die steilen, ebenfalls bewaldeten Nebentäler der Wisper, auf hohe, zerfallende Burgen, auf stille Dörfer und auf das breite, romantische Rheintal. Das Tal der Wisper ist eines der schönsten in Deutschland und wartet geradezu darauf, auch von der überregionalen Wanderwelt entdeckt zu werden.

Es liegt auf der Hand, so Carrera, dass die Wisper Trails den Fremdenverkehr und die Gastronomie ankurbeln sowie den wirtschaftlich schwachen Wispertaunus insgesamt beleben sollen – und zwar mit einem Konzept des sanften Tourismus.

Nach der Mittagspause geht es wieder in den Wald, Richtung Ransel. Das Dorf mit zwei Gaststätten und einem Landmuseum ist Ausgangspunkt eines der neuen Rundwege.

Wanderwege

Wisperwind als Nebel

Die Gruppe besteht aus Wanderern, die wissen, was einen Premium-Wanderweg ausmacht. Es ist der Eindruck unberührter Natur, dazu gehören aber auch schöne Aussichtspunkte, Natur- und Kulturerlebnisse sowie erläuternde Informationen. All das bieten die Wisper Trails im Überfluss. Beeindruckend sind die kristallklaren Bäche, seltene Pflanzen, eine reiche, wilde Tierwelt, Fledermäuse, Wildkatzen, Eisvögel, Lachse – und die vielen Geschichten, die sich um die Burgen, die Köhlerei, den Schieferbergbau und die historischen Waldnutzungen drehen.

Nun geht es auf Lorch am Rhein zu, eine gute Gelegenheit, über den mysteriösen Wisperwind zu sprechen, ein Bergwind, der immer wieder in der Nacht und am Morgen deutlich zu spüren ist. Im engen Wispertal mit seiner tiefen, bewaldeten Talsohle und den schluchtartigen Seitentälern werden stets tiefere Temperaturen als im Rheintal gemessen. Das erzeugt einen kalten Luftstrom hinunter zum Rhein, den Wisperwind. Er wendet sich in Lorch stets rheinaufwärts Richtung Rüdesheim und Bingen, oft mit Nebel verbunden. Für die Wispertaler bedeutet er an Sommertagen eine eher angenehme Abkühlung, für die Obstbauern und Winzer am Rhein aber kann er im Frühling die Frostgefahr verstärken. Tagsüber zieht dann oft ein Wind in entgegengesetzter Richtung das Wispertal hoch. Jäger auf der Pirsch sollten auf den Windwechsel abends und morgens besonders achten, sie könnten sonst schlagartig im „falsch" wehenden Wind stehen.

Die Wandergruppe erreicht Lorch. Wir lagern uns zur Schlussrast am

Blick vom Welterbe-Weinberg auf Lorch

Abschluss der Tour im Welterbe-Weinberg

Rande des geologischen Rundwanderweges, hoch über der Stadt. Auch hier treffen wir auf einen der neuen Rundwanderwege mit grandiosen Sichten auf Lorch, die Weinberge, den Rhein und die Landschaft jenseits des Stromes mit ihren Siedlungen und Burgen.

Lorchs Bürgermeister kommt hinzu. Er spendiert einen trockenen Riesling aus dem „Welterbe-Weinberg“, dessen Reben wir mit den Händen greifen können. Die 550 von Berufsschülern gepflanzten Weinstöcke verweisen darauf, dass das Obere Mittelrheintal im Jahre 2002 in die Liste des Weltkulturerbes der UNESCO aufgenommen wurde.

Wer von Lorch aus das Wisperland hochwandert, geht also von einem UNESCO-Welterbe zum nächsten. Denn das Ziel, die Quelle der Wisper, liegt ganz nahe am Grenzwerk des Römischen Reiches, dem Limes, der wiederum als Bauwerk in der Liste der Welterben verzeichnet ist. Das Wispertal ist mit seiner wilden Naturschönheit und seiner interessanten Kulturgeschichte eine spannende Verbindungsachse zwischen den beiden Welterben. In diesem Sinne sagt Carrera zum Abschied: „Hasta la Wisper!“

Ein großer Streckenweg und 14 Rundwanderwege laden ein!

In unserem Kapitel „Rechts und links der Wisperstraße" (S. 36) haben wir Ihnen gezeigt, was Sie im Wispertal sehen und erleben können. Jetzt geht es in die Höhe und in den Wald! Wir öffnen Ihnen das Wisper-Wanderland, die Wisper Trails.

Unsere zwei Übersichtskarten erleichtern Ihnen die Wahl. Sie können sich für den großen Streckenweg, den Wispertaunussteig, entscheiden, der vom Limes bis zum Rhein führt. Dann beginnen Sie entweder in Lorch hinauf- oder in Kemel hinabzulaufen – es müssen auch nicht unbedingt gleich die ganzen 44 Marathonkilometer sein. Alternativ können Sie an einem der in der Karte eingezeichneten Portale einsteigen, sozusagen mittendrin.

Zur Wahl steht zudem eine Vielzahl an abwechslungsreichen Rundwanderwegen, die sich perfekt für Halbtagestouren eignen. Wir bieten Ihnen einen Lageplan mit allen 14 Trails sowie je eine Skizze und Kurzbeschreibung für jeden Weg. Hierbei erfahren Sie stets auch, über welche Autostraße Sie in den Ort oder die Orte kommen, die Sie umwandern wollen – und wo Sie einen Parkplatz finden.

Falls Sie ganz langsam und vorsichtig beginnen wollen, empfehlen wir Ihnen fürs Erste den Premium-Spazierwanderweg „Wispertaler Krönchen" in Espenschied (5,2 km).

Die Wisper Trails sind hervorragend markiert sowie mit Wegweisern und Infotafeln ausgestattet. Sich zu verlaufen, dürfte schwierig sein. Dennoch empfehlen wir Ihnen, sich eine Wanderkarte zu kaufen, auch wenn Sie eine Wander-App nutzen. Eine Karte bietet mehr Übersicht, sie braucht kein Netz und ihr kann der Strom nicht ausgehen. Hinweise zu einzelnen Ortschaften sowie zu Gaststätten finden Sie in unserem Kapitel „Service".

Das alles dient der ersten Orientierung. Detaillierte Karten, GPX-Tracks sowie Neuigkeiten aller Art finden Sie auf der Webseite: www.wisper-trails.de. Noch schneller geht es, wenn Sie die jedem Wisper Trail hinzugefügten QR-Codes nutzen.

Und jetzt auf ins Wisper-Wanderabenteuer!

Vorbildliche Markierungen, klare Wegweiser und informative Schautafeln kennzeichnen die Wisper Trails

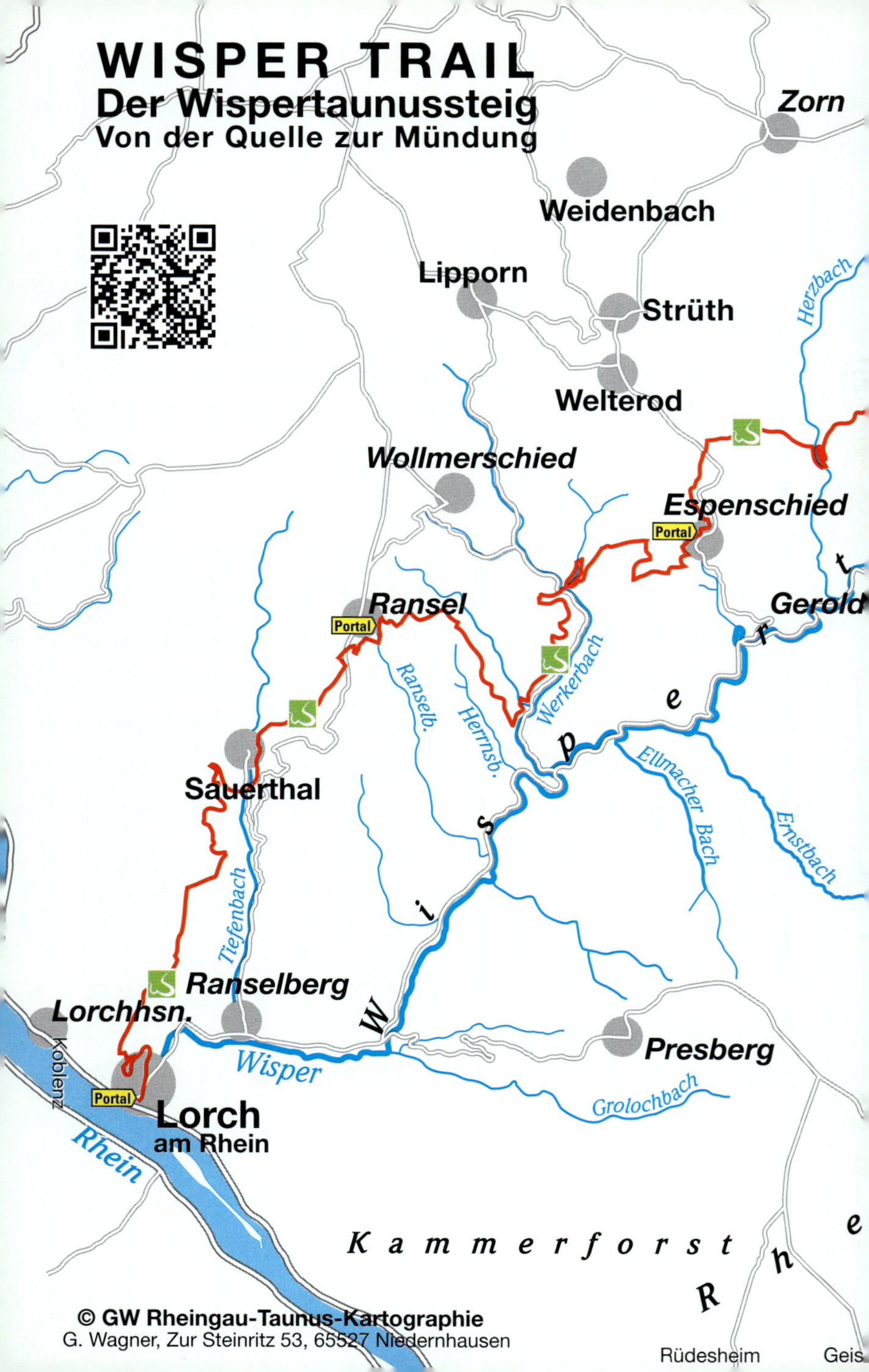
WISPER TRAIL
Der Wispertaunussteig
Von der Quelle zur Mündung
Zorn
Weidenbach
Lipporn
Strüth
Herzbach
Welterod
Wollmerschied
Espenschied
Portal
Gerold
Ransel
Portal
Ranselb.
Herrnsb.
Werkerbach
Wisper
Ellmacher Bach
Ernstbach
Sauerthal
Tiefenbach
Ranselberg
Lorchhsn.
Koblenz
Presberg
Portal
Lorch
am Rhein
Wisper
Grolochbach
Rhein
Kammerforst
Rhe
© GW Rheingau-Taunus-Kartographie
G. Wagner, Zur Steinritz 53, 65527 Niedernhausen
Rüdesheim
Geis

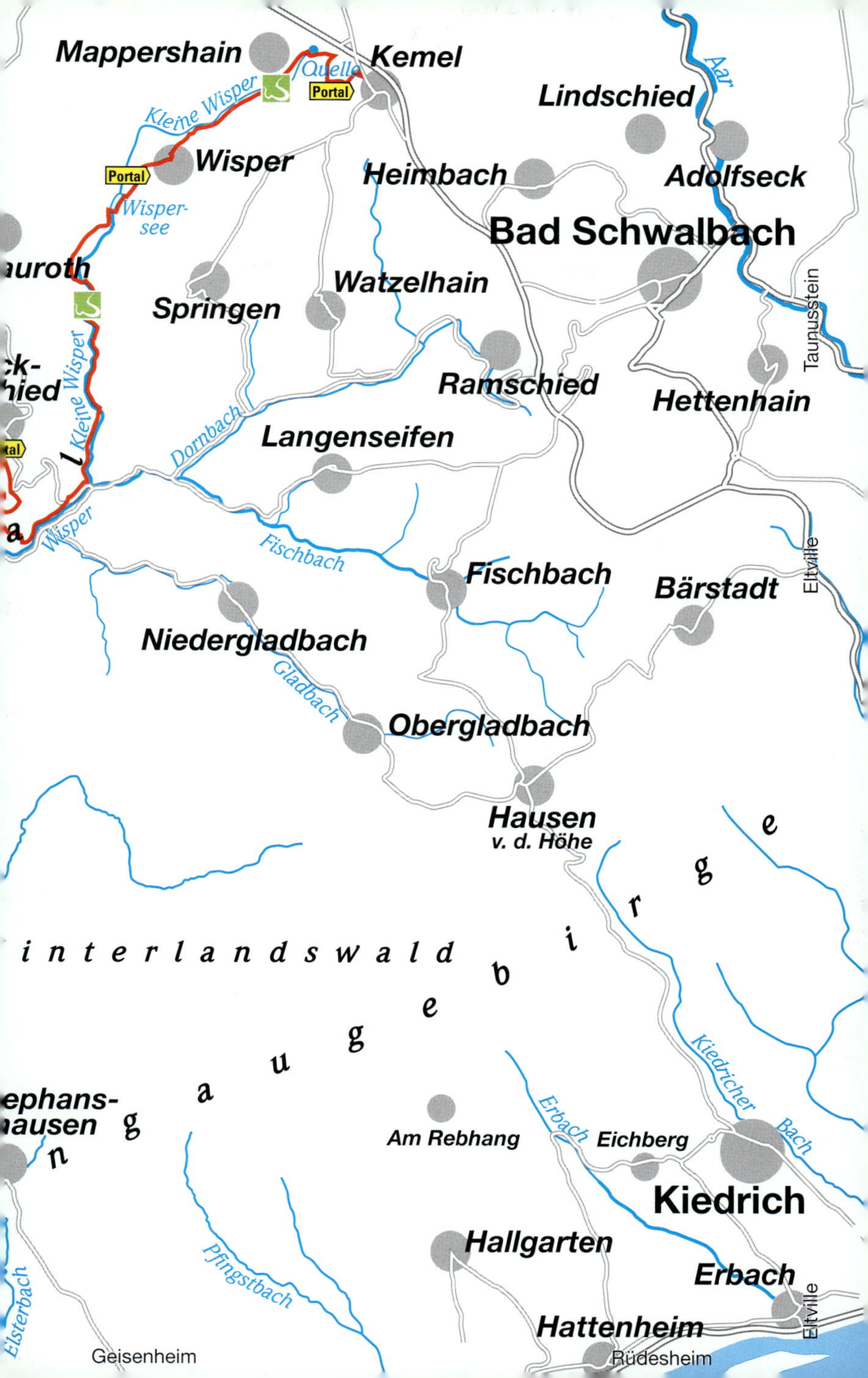
Mappershain
Kemel
Quelle
Portal
Kleine Wisper
Wisper
Portal
Wisper-
see
Lindschied
Aar
Adolfseck
Heimbach
Bad Schwalbach
Taunusstein
Springen
Watzelhain
Ramschied
Hettenhain
Kleine Wisper
Dornbach
Langenseifen
Wisper
Fischbach
Fischbach
Bärstadt
Eltville
Niedergladbach
Gladbach
Obergladbach
Hausen
v. d. Höhe
interlandswald
n g a u g e b i r g e
Am Rebhang
Erbach
Eichberg
Kiedricher Bach
Kiedrich
Hallgarten
Erbach
Eltville
Hattenheim
Rüdesheim
Geisenheim
Pfingstbach
Elsterbach

Wispertaunussteig: Kemel – Lorch

Länge: 44 km
Höhenunterschied: 1.230 Hm Anstieg / 1.695 Hm Abstieg
Gehzeit: 11:30 h
Ausgangspunkt: Parkplatz Sportplatz Heidenrod-Kemel, unweit der Wisperquelle
Etappe 1: Kemel – Espenschied (21,2 km, 565 Hm, 5:30 h)
Etappe 2: Espenschied – Lorch am Rhein (22,8 km, 665 Hm, 6:00 h)

Was für ein Steig! Ein Fluss, zwei Bundesländer, drei Gipfel, vier Dörfer und fünf Täler. Dazwischen unzählige Fernsichten und urwüchsige Wälder mit berauschender Stille. Knackige Anstiege, spannende Pfade und immer wieder felsige Gestalten am Wegesrand; das sind die Markenzeichen dieses extrem abwechslungsreichen Weges. Er verspricht einen Marathon für die Sinne, bei dem man sämtliche Facetten der Wispertaunus-Landschaft erlebt. Wem 44 Kilometer für einen Tag zu viel sind, kann die Strecke in Espenschied teilen oder sich kleinere Häppchen rauspicken – Wanderglück stets garantiert!

Die Wisperquelle bei Kemel

WISPER TRAILS

Die Rundwanderwege

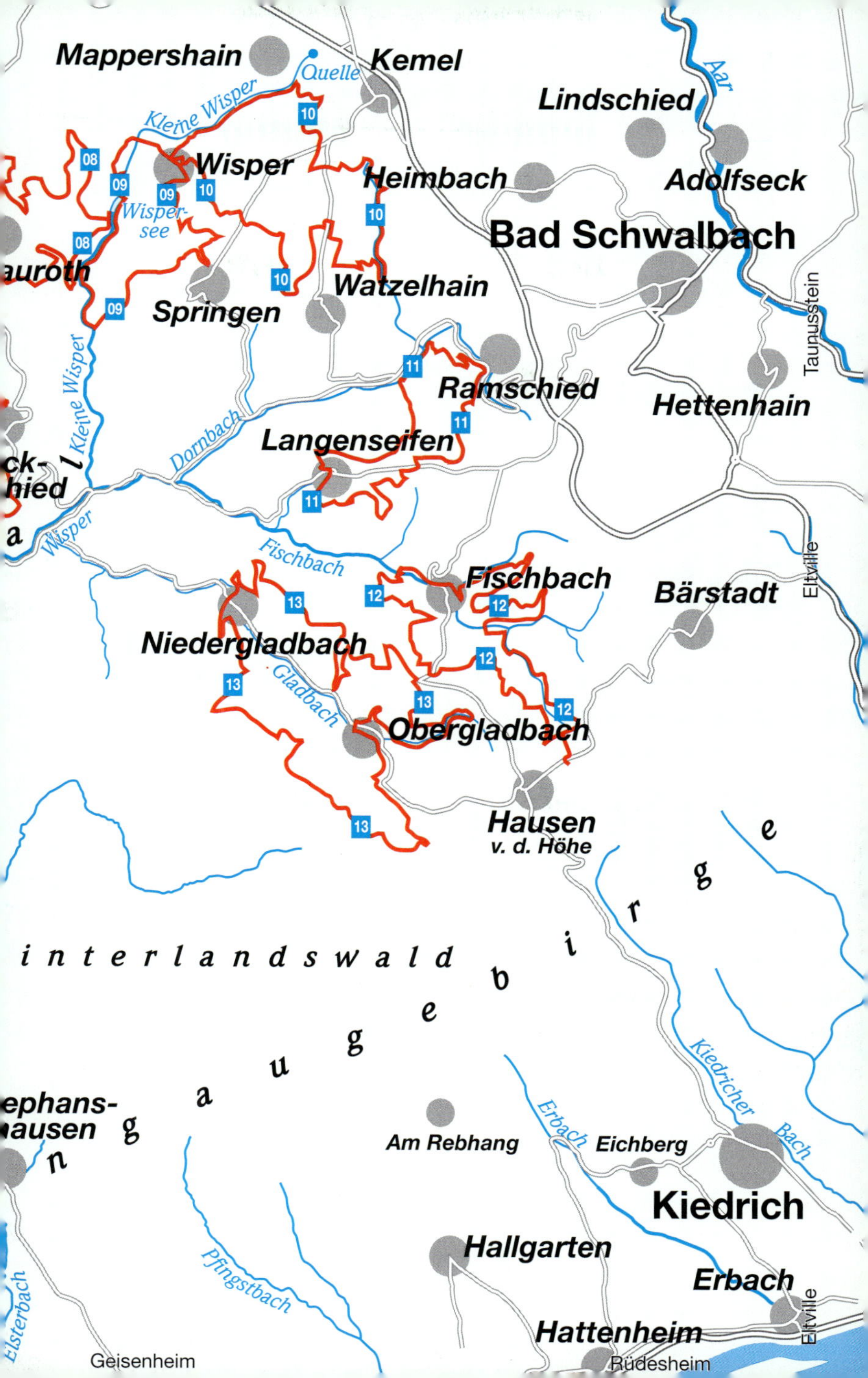
Mappershain
Kemel
Quelle
Kleine Wisper
Lindschied
Aar
Wisper
Heimbach
Adolfseck
Wisper-see
Bad Schwalbach
Watzelhain
Springen
Taunusstein
Ramschied
Hettenhain
Langenseifen
Dornbach
Kleine Wisper
Wisper
Fischbach
Fischbach
Bärstadt
Eltville
Niedergladbach
Gladbach
Obergladbach
Hausen
v. d. Höhe
interlandswald
Rheingaugebirge
Kiedricher Bach
Erbach
Eichberg
Am Rebhang
Kiedrich
Hallgarten
Erbach
Hattenheim
Eltville
Pfingstbach
Elsterbach
Geisenheim
Rüdesheim
08
09
10
11
12
13

→01

In Vino Veritas: Lorch am Rhein

Länge: 9,5 km
Höhenunterschied: 337 Hm
Gehzeit: 2:45 h
Ausgangspunkt: Parkplatz an der Rheinuferstraße
Empfohlene Laufrichtung: im Uhrzeigersinn

Wunderschöne Ausblicke laden zur Rast ein

Im Wein liegt Wahrheit – wie auf diesem Weg. Beim Aufstieg zum Welterbe-Weinberg wird klar, Weinbau im Mittelrheintal ist steil, die Arbeit der Winzer ehrlich und anstrengend – so auch manchmal das Wandern. Da kommt die Stickelbank gerade recht. Neben abwechslungsreichen Waldpassagen dominiert die romantische Weinbergs-Landschaft diesen Weg. Zur Abrundung des Wandergenusses empfehlen wir den typischen Lorcher Riesling mit seiner markant-mineralischen Note.

→02

Rhein-Wisper-Glück: Lorch-Lorchhausen

Länge: 9,3 km
Höhenunterschied: 336 Hm
Gehzeit: 2:45 h
Ausgangspunkt: Grünschnittplatz Lorchhausen, Talweg gegenüber der Clemenskapelle
Empfohlene Laufrichtung: gegen den Uhrzeigersinn

Rhein-Panorama

Glück – Wer sehnt sich nicht danach? Auf diesem Weg kann man es finden. Der Aufstieg zur Clemenskapelle lädt zur inneren Einkehr. Oben angekommen, belohnt das Rhein-Panorama. Der Akkord aus Rhein, Reben und Romantik prägt die erste Etappe dieser abwechslungsreichen Tour: spektakulär am Rhein-Wisper-Blick, still im urwüchsigen Peterwald, großes Panorama-Kino am Engweger Kopf. Spätestens am Rosenpavillon ist es gewiss: Heute war das Glück allgegenwärtig!

Ranseler Höhenrausch: Lorch-Ransel

Länge: 10,6 km
Höhenunterschied: 240 Hm
Gehzeit: 2:45 h
Ausgangspunkt: Landmuseum Ransel
Empfohlene Laufrichtung: im Uhrzeigersinn

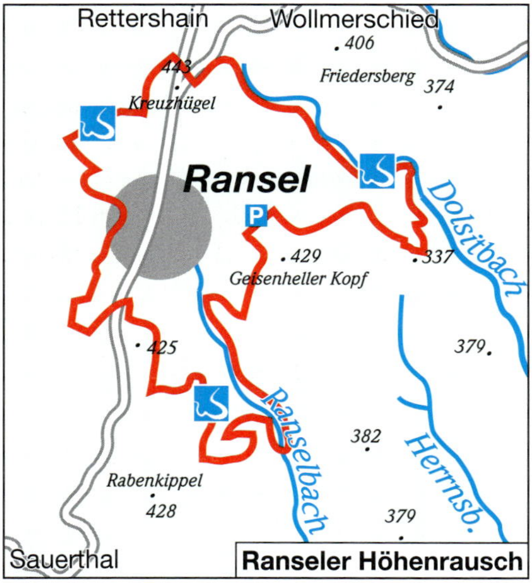

Dichte Wälder mit Felslandschaft

Der Ranseler Höhenrausch verleiht Flügel. Grandiose Fernsichten und stille Wege machen ihn aus. Er führt durch dichte Wälder, vorbei an dramatisch aufgefalteten Felsen – welch geologische Kräfte! In den Tiefen des Ranselbachtals muss man zunächst „über den Jordan“ gehen, um zu den schönen Aussichten am Panorama-Eck zu gelangen. Es folgen prächtige Weitblicke am Kreuzhügel und die stille Abgeschiedenheit im lieblichen Tal des Dolsitbaches.

Wollmerschieder Grenzweg: Lorch-Wollmerschied

Länge: 7,9 km
Höhenunterschied: 185 Hm
Gehzeit: 2:10 h
Ausgangspunkt: Sportplatz Wollmerschied
Empfohlene Laufrichtung: im Uhrzeigersinn

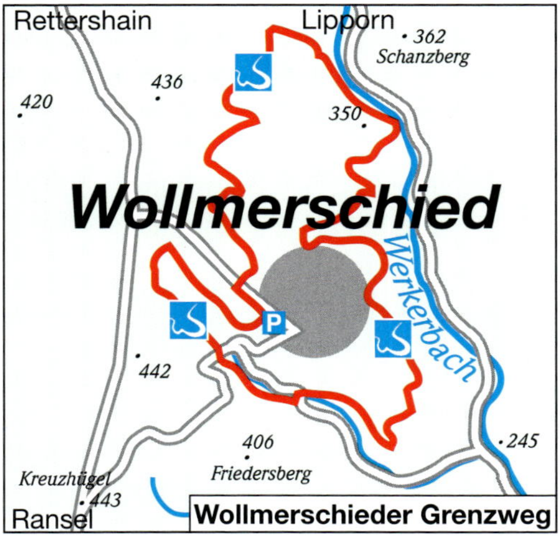

Mainzer Rad auf einem Grenzstein von 1697

Wollmerschied gehörte einst zum Freistaat Flaschenhals und wird heute an drei Seiten von Rheinland-Pfalz umschlossen. Der Weg begleitet die Grenze ein Stück weit – zum Teil auf historischen Spuren. Ein Markstein mit dem Mainzer Rad erinnert daran: Der Rheingau gehörte über Jahrhunderte zum Bistum Mainz. Die genussvolle Runde führt durch seichte Wiesenlandschaften und abgeschiedene Wälder in den Tälern von Werkerbach und Bienbach.

Wispertalsteig: Lorch-Espenschied

Länge: 14,6 km
Höhenunterschied: 475 Hm
Gehzeit: 4:20 h
Ausgangspunkt: Espenschied, Wanderparkplatz am Ortsausgang, Richtung Welterod
Empfohlene Laufrichtung: gegen den Uhrzeigersinn

Detaillierte Karte am Ende des Buches

Kühe auf einer Weide

Hier schlug die Geburtsstunde vom Wandern im Wispertaunus: Der Wispertalsteig rund um Espenschied ist bereits seit 2009 Premium-Wanderweg. Die anspruchsvolle Runde lehnt sich eng an die Kerbtäler an und steigt dabei von der Hochebene zweimal in die Tiefen von Werkerbach und Wispertal hinab. Hier recken sich die Hänge steil empor. Der Steig macht seinem Namen alle Ehre. Er ist spektakulär am Saurierfelsen, still am Mehrholzblick, grandios auf dem Plateau.

→06

Premium-Spazierweg

Wispertaler Krönchen: Lorch-Espenschied

Länge: 5,2 km
Höhenunterschied: 105 Hm
Gehzeit: 1:30 h
Ausgangspunkt: Espenschied, Wanderparkplatz am Ortsausgang, Richtung Welterod
Empfohlene Laufrichtung: gegen den Uhrzeigersinn

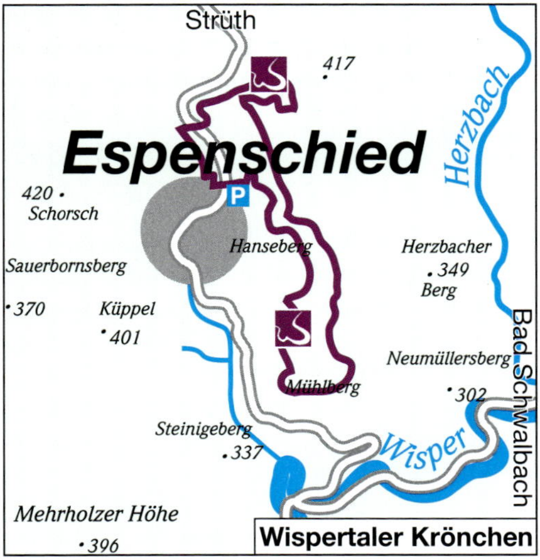

Schöner Ausblick mit St. Nikolaus-Kirche

Klein und fein! Mit gerade einmal 5,2 Kilometern krönt diese Runde die Wisper Trails als einziger Premium-Spazierwanderweg. Er führt bei Espenschied entlang lieblich geschwungener Wiesenlandschaften und Waldränder mit schönen Aussichten und idyllischer Stille. Lauschige Plätzchen wie das „Hüddje auf der Heide“, die „Hersch horsche Bank“ und die Bank „Unter den Kirschen“ verleihen diesem Spazierwanderweg etwas Intimes. Das ist Wohlfühlwandern pur!

Dickschieder Wildwechsel: Heidenrod-Dickschied

Länge: 13,6 km
Höhenunterschied: 461 Hm
Gehzeit: 3:45 h
Ausgangspunkt: Dickschied, Wanderparkplatz am Atzmann
Empfohlene Laufrichtung: im Uhrzeigersinn

Steile An- und Abstiege auf abwechslungsreichen Wegen

Der Dickschieder Wildwechsel ist etwas für Wanderer, die steile An- und Abstiege nicht scheuen. Sie werden für die Mühen reichlich belohnt. Tief eingeschnittene Kerbtäler und großartige Ausblicke machen das Wandererlebnis auf diesem knackigen Weg unvergesslich. Rehe, Wildschweine und vor allem Hirsche sind keine Seltenheit auf diesem Weg. Mit etwas Glück kann man auf den exponierten Felskanzeln wie der Spitzlei sogar Muffelwild erspähen.

→08

Naurother Grubengold: Heidenrod-Nauroth

Länge: 14,1 km
Höhenunterschied: 340 m
Gehzeit: 3:15 h
Ausgangspunkt: Wanderparkplatz Naurother Heide, nördl. von Nauroth an der L 3035
Empfohlene Laufrichtung: gegen den Uhrzeigersinn

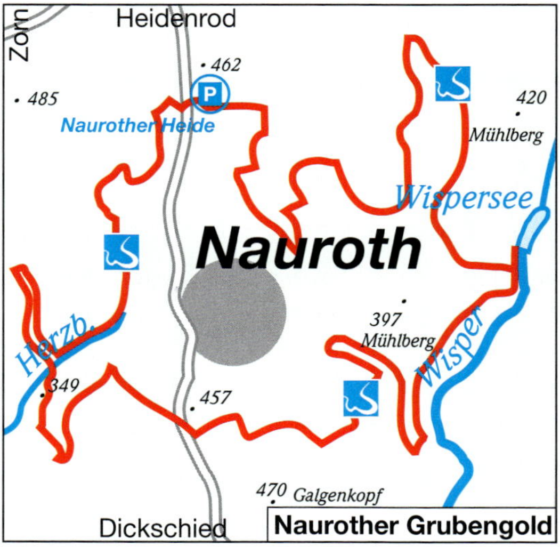

Weiter Blick am Galgenkopf

Glückauf – hieß es noch bis 1964 in der Grube Rosit, einer von drei Schiefergruben am Weg. Die Abraumhalde im wildromantischen Herzbachtal ist heute Naturschutzgebiet und Heimat für wärmeliebende Pflanzen und Tiere. Dem Herzbachtal folgen weite Panoramablicke am Galgenkopf und schließlich die Naurother Schweiz. Ein steiler Pfad führt vorbei an schroff aufgefalteten Felsen und moosbewachsenen Krüppeleichen. Einst trieb hier ein „Wildes Weib" sein Unwesen. Höhepunkt der Tour ist der idyllisch gelegene Wispersee.

→09

Wisper Geflüster: Heidenrod-Wisper

Länge: 8,5 km
Höhenunterschied: 185 Hm
Gehzeit: 2:00 h
Ausgangspunkt: Parkplatz nördl. des Wispersees; alternativ: Heidenrother Waldparkplatz auf der L 3455
Empfohlene Laufrichtung: gegen den Uhrzeigersinn

Die Wisper

Augen schließen und genießen! Fernab von allem schlängelt sich die noch kleine Wisper durch Auen und Wiesen. Leises Flüstern dringt ans Ohr. Etwa die Geschichte vom alten Hexenmüller? Der Hexenmüllerplatz erinnert noch heute an ihn. Von da an geht es stetig bergan durch stille Täler bis nach Springen. Die Rastbank am Schollesbaam belohnt mit prächtigem Panorama. Im Abstieg nach Wisper überraschen mächtige Buchen: Was die uns wohl zu flüstern wüssten?

Im Wisper Outback: Heidenrod-Watzelhain

Länge: 13,3 km
Höhenunterschied: 355 Hm
Gehzeit: 3:15 h
Ausgangspunkt: Wanderparkplatz Geisberg, an der L 3455 zwischen Kemel und Springen
Empfohlene Laufrichtung: gegen den Uhrzeigersinn

Ruheplatz mit malerischer Aussicht

Der Weg „Im Wisper Outback“ verspricht ... Wald, Wald und noch mal Wald. Dazwischen haben sich Aulbach, Römersgrundbach und Wisper tief eingefräst. Die knackigen Anstiege enden an prächtigen Aussichts- und Ruhepunkten. Neben verwunschenen Wegen ragen schroffe Schieferfelsen auf. Die schräg geschuppten Platten erinnern daran: Der Wispertaunus ist ein Faltengebirge. In den dunklen Stollen von einst flattern heute seltene Fledermäuse – Natur pur in den Wäldern des Wisper Outbacks!

→11

Schwälbchens Flug: Bad Schwalbach–Langenseifen

Länge: 10,9 km
Höhenunterschied: 260 Hm
Gehzeit: 3:00 h
Ausgangspunkt: Langenseifen, Schlehborner Heide
Empfohlene Laufrichtung: im Uhrzeigersinn

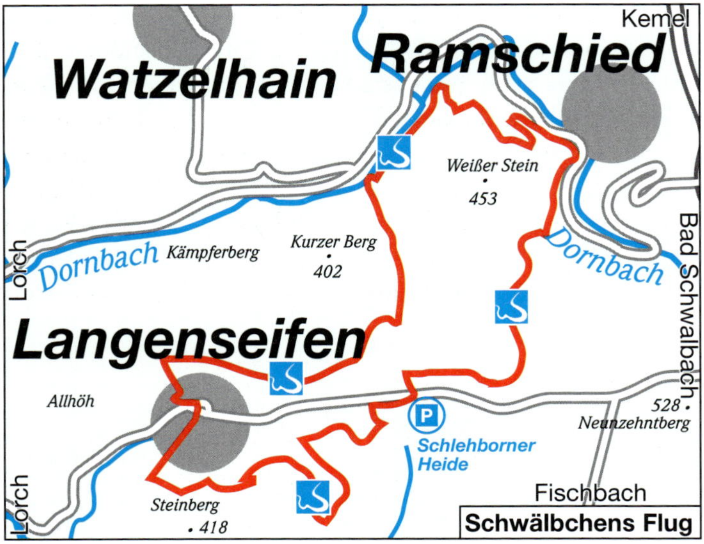

Wandern mit tierischem Kompagnon

„Zwischen Limes und Gebück liegt vom Himmel ein Stück." So preisen Langenseifener ihren Ortsteil an. Über luftige Höhen, dem Himmel ganz nah, führt auch die erste Hälfte dieses Weges, vorbei an der Himmelsbank, wo das Panorama endlos erscheint. An der alten Schule wird man mit gekühlten Getränken aus der „Erfrischungsstation" überrascht. Und wie beim Flug der Schwalben kommt man im „Auf-und-Ab" zum tief im Dornbachtal liegenden Ort Ramschied gefolgt vom Hochplateau am Weißen Stein. Dabei geht es über den mystischen Wolfsgraben und durch abwechslungsreiche Wälder.

→12

Der Überhöhische: Schlangenbad-Hausen v. d. Höhe

Länge: 16,2 km
Anstieg: 340 Hm
Gehzeit: 4:00 h
Ausgangspunkt: Parkplatz am Bürgerhaus in Hausen v. d. Höhe
Empfohlene Laufrichtung: im Uhrzeigersinn

Dichte Waldlandschaft

Jenseits der Höhe (Rheingau-Gebirge) liegen die überhöhischen Dörfer Hausen und Fischbach, einst isoliert vom reichen Rheingau durch das Rheingauer Gebück. Beeindruckende Fernsichten und die verspielt abwechslungsreiche Taunuslandschaft mit ihren seicht dahinplätschernden Bächen prägen diesen Weg. Am Fischbacher Sauerbrunnen kann man den Taunus sogar schmecken! Im Naturschutzgebiet Ochsenberg ist die Äskulapnatter beheimatet. Seltene Wild- und Nutzpflanzen gedeihen im Hauser Feldflorareservat, eine Arche Noah für die hiesige Artenvielfalt.

→13

Glaabacher Almauftrieb: Schlangenbad-Ober-/Niedergladbach

Länge: 18,9 km
Höhenunterschied: 500 Hm
Gehzeit: 5:00 h
Ausgangspunkt: Wanderparkplatz an der L 3035 zwischen Obergladbach und Niedergladbach
Empfohlene Laufrichtung: im Uhrzeigersinn

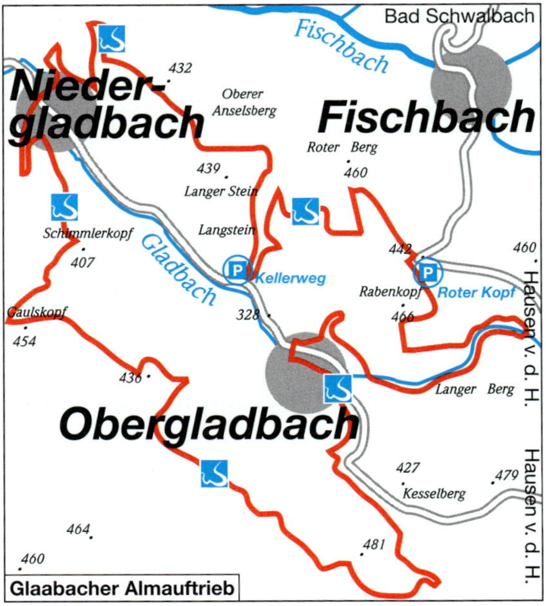

Rastplatz mit Aussicht

Jedes Jahr im Mai ziehen Schafe beim Almauftrieb durch Niedergladbach die Hänge hinauf zu den saftigen Weiden. Ähnlich ist es auch auf diesem Wanderweg. Insgesamt steigt er drei Mal aus dem engen Gladbachtal hinauf und wieder hinab im steten Wechsel zwischen tiefen Wäldern und engen Tälern sowie offenen Wiesen und Weiden. Die Ausblicke am Gründchen, am Roten Kopf und am Gaulskopf belohnen für die knackigen Aufstiege. Er ist der längste und anstrengendste Rundweg unter den Wisper Trails und kann daher geteilt werden.

Besonderes Highlight sind die alten Gebückbäume am Naturschutzgebiet Gladbachtal.

→14

Via Monte Preso: Rüdesheim-Presberg

Länge: 12,2 km
Anstieg: 295 Hm
Gehzeit: 3:15 h
Ausgangspunkt: Forsthaus Weißenthurm an der L 3272 westl. von Presberg
Empfohlene Laufrichtung: im Uhrzeigersinn

Blumen am Wegesrand

Den Namen „Monte Preso“ erhielt der Rüdesheimer Ortsteil Presberg vom langjährigen Pfarrer Zeta, einem Freud Italiens. Durch die Tiefen der Wälder führt der Weg zu verborgenen Plätzen im Grohlochtal, wo sich die Tiere des Waldes ein Stelldichein geben. Hier herrscht wohltuende Stille – außer im Herbst, wenn sich die Hirsche zur Brunft treffen. Einzigartige Panoramablicke bietet der Weg von der Rheingauer Alp bis zum Kerzer Kopf und darüber hinaus – das Markenzeichen dieses Weges. Wem das nicht reicht: Der Abstecher zum Teufelsfelsen ist ebenfalls spektakulär!

Auf zwei Rädern in den Wispertaunus

Auf zwei Rädern in den Wispertaunus

Mit Fahr- und Motorrad on Tour

Zwei sehr unterschiedliche Arten, im Wispertaunus auf zwei Rädern unterwegs zu sein. Beide Biker sind erst einmal rein sportlich begeistert, der Fahrradfahrer, weil er aufwärts richtig powern kann und dann rasante Abfahrten vor sich hat, die Motorradfahrerin, weil sie das Kurven-Eldorado schätzt – und den weithin bekannten Biker-Treff in Geroldstein. Es ist für beide mehr als Sport, es geht um Landschaft, Natur, Täler, Höhen, Wald.

Wir treffen Peter Scheerer im Wiesbadener Neropark, Café Eden, zum Gespräch über seine Touren im Wispertaunus. Aus seinem Fahrradstall hat er das GT Zaskar mitgebracht, ein Kultzweirad der 90er Jahre. Peter ist ein „waschechter Schrauber“, er bringt die Zaskar immer auf den neuesten technischen Stand. Mit ihr fährt er auch internationale „Selbstversorger“-Rennen. „Ich lenke, also bin ich“, ist sein Radfahrer-Motto.

Peter Scheerer

In Wiesbaden wohnend, ist der Wispertaunus sein bevorzugtes Terrain. Das Gelände ist steil genug, um alles geben zu können. Der hier befindliche „Hinterlandswald“ hat es Peter besonders angetan, mit seinen 210 km² ist er das größte zusammenhängende Waldgebiet Hessens. In einer „Kernfläche Naturschutz“ dürfen keine Bäume mehr gefällt werden, die wirtschaftliche Nutzung unterbleibt.

Felsformation

Hinterlandswald

Romantischer Weg ...

MAXXIS
MAXXIS

...auch im Winter

Der Wald entwickelt sich mehr und mehr zur Wildnis, beherbergt Rotwild, Wildkatzen, Uhus, Schwarzstörche. Peter: „Ideal für jemanden, der die Natur als ein Zuhause begreift. Vor mir ist mitten am Tag auch schon Muffelwild aufgetaucht." Schön, dass auch seine Partnerin Anne immer wieder mit auf Tour geht. Manchmal übernachten sie. In der Dämmerung umflattert von der unter Naturschutz stehenden Bechsteinfledermaus. Nachts hören sie Wildschweine nach Nahrung suchen.

Hier und da lässt Peter auch das Rad stehen und erkundet das Gelände zu Fuß. Ideale Ausgangspunkte dafür sind die Parkplätze an der Wisperstraße. So lernt man auf schmalen Wegen und Pfaden die schroffen Steilhänge kennen, die grandiosen Felsformationen mit Ausblicken ins Wisper- und Rheintal. Versteckte Waldwiesen überraschen Radfahrer und Wanderer.

Denjenigen, die sich noch nicht so gut auskennen, empfiehlt Peter zwei Tagestouren. Ausgangspunkt ist jeweils das zu Schlangenbad gehörende Hausen vor der Höhe. Dorthin kommt man ab Wiesbaden anspruchsvoll mit dem Rad oder aber mit dem Auto oder mit dem Bus bis zur Haltestelle „Wambacher Mühle" (mit Umsteigen auch direkt nach Hausen).

Gasthaus „Zum Fischbachtal"

Die erste Tour verläuft entweder von Hausen nach Hausen – ist also eine große Rundtour mit dem tiefsten Punkt Forstgut Lauksburg an der Wisper – oder aber vom Forstgut die Wisperstraße weiter abwärts nach Lorch am Rhein und von dort mit dem Rad oder der Bahn zurück nach Wiesbaden.

Peter startet also am Waldparkplatz in Hausen und fährt über den Hausener Berg zunächst nach Fischbach ins „Nassauische Allgäu". Unterwegs, an der Alm am Roterberg, hat Peter schon mal die erste große

Feldkapelle in Langenseifen

Aussicht genossen. Je nach Wochentag und Tageszeit kann man in Fischbach im historischen Gasthof „Zum Fischbachtal“ einkehren. Der Wirt Bernhard van Zanten ist Jäger und Wanderführer zugleich. Auf den Tisch kommen Wildgerichte der Saison und hausgemachte Kuchen.

Von Fischbach führt die Tour aufwärts nach Langenseifen. Die Feldkapelle oberhalb des Dorfes muss man gesehen haben: ein einzigartiger, moderner Kuppelbau aus Lärchenholz, um eine etwas früher errichtete Basaltlava-Skulptur herumgebaut. Und gleichzeitig ein Ort mit Weitblick über die Taunushöhen.

Von Langenseifen geht der Weg hinunter zur Wisperstraße, von dort steigt Peter unermüdlich auf einem Sträßchen, das gleichzeitig Radweg ist, über Watzelhain nach Kemel hoch.

Bei Kemel verläuft die Wasserscheide von Rhein und Lahn. Der Ort ist ein wichtiger Punkt auf der Deutschen Limesstraße. Rekonstruierte römische Kastelle lohnen die Besichtigung. Die Kemeler Heide kann man auch noch mitnehmen.

Restaurant & Café „Hexenmühle"

Peter aber fährt auf dem Wanderweg weiter Richtung Mappershain zur Wisperquelle. Hier füllt er die Feldflasche und fährt abwärts über das idyllische Örtchen Wisper zum Wispersee. Am See kann man sich auf einem Steg ausruhen, Anglern zusehen oder einfach nur aufs Wasser schauen. Nun geht es überaus

Wispersee

romantisch die wilde „Kleine Wisper" entlang hinab zur Wisperstraße, wo die Kleine Wisper zur Wisper wird. Noch ein Stück hinunter, dann kommt Geroldstein. Hier wiederum bietet sich der Biker-Treff „Wisperstube" zur Einkehr an. Wisper, Wisper ... allerorten.

Am Forstgut Lauksburg, noch vor der bekannteren Laukenmühle, müssen wir uns entscheiden, ob wir zurück nach Hausen oder die Wisperstraße weiter hinunter nach Lorch und dann mit dem Rad oder der Bahn zurück ins Rhein-Main-Gebiet wollen.

Wer zurück nach Hausen will, muss wieder steigen – und zwar ab dem Forstgut Lauksburg mit der Markierung „Roter Balken" kurvenreich die alte Hinterlandswaldstraße hoch. Sie bietet große Aussichten, ab dem Bergkamm ist sie asphaltiert. So kommt man dann doch schneller als gedacht über das Hofgut Mappen, das für Veranstaltungen wie Hochzeiten oder Seminare bereitsteht, zurück zum Waldparkplatz in Hausen vor der Höhe.

Die zweite Tour verläuft am südwestlichen Rand des Hinterlandswaldes Richtung Lorch. Die Orientierung ist einfach: Man steigt in Hausen in den gut markierten „Rheingauer Gebück-Weg" ein. Mit dem Auto kann man den Parkplatz „Förster Bitter-Eiche" ansteuern.

Das Rheingauer Gebück war eine mittelalterliche Grenzsicherung und

Blick auf den Rhein

bestand aus einer undurchdringlichen Hainbuchen- und Rotbuchenhecke in einer Breite von bis zu 50 Metern. Wo Wege und Straßen durch das Gebück führten, wurden Tore und „Bollwerke" angelegt. Erst im 18. Jahrhundert wurde das Gebück ganz aufgegeben. Der ganze Gebückwanderweg verläuft von Niederwalluf bis Lorch. Info-Tafeln informieren ausführlich über die Geschichte des Gebücks und die heute noch zu sehenden Teile.

Von Hausen aus geht es über mehrere Stationen des Gebückwegs im Prinzip abwärts zur Mapper Schanze, zu den Sieben Wegweisern, zum Forsthaus Weißenthurm mit einer berückenden Aussicht und einer gleichnamigen Gastronomie. Ab hier verlassen wir als Radfahrer den Gebückweg, fahren über Presberg das Grohlochbachtal hinunter zur Wisperstraße und kommen so nach Lorch am Rhein. Von hier aus fährt Peter auch mal mit dem Rad den Rhein entlang zurück nach Wiesbaden. Oder aber er genießt solo oder mit Partnerin Anne im Gutsausschank ... einen trockenen Riesling und nimmt dann die Bahn. Peter: „Nach der Tour ist vor der Tour."

Carolin Jungmann

Wenig später kommt Carolin Jungmann ins Café Eden. Sie düste schon als Studentin von Saarbrücken aus durch Frankreich, allerdings mit weniger Pferdestärken als heute. Jetzt ist es eine feuerrote Yamaha Virago 535, ein Chopper mit Kultstatus, 46 PS. Draußen zu sein, ungebunden Freiheit und Abenteuer zu erspüren, das genießt Carolin. Und als Frau allein auf dem Sattel ist man immer noch etwas Besonderes, verschafft sich den Respekt der Männer.

Eine reizvolle Tour führt sie öfter mal ins Wispertal. In Wiesbaden an der Nerobergbahn den Wolkenbruch

hoch Richtung Taunusstein, durch den Wald zur Fasanerie, über die Hohe Wurzel Richtung Bad Schwalbach, in einem Schwenk nach Hohenstein mit Sicht auf die Burg: Das ist der erste Teil der romantischen Strecke.

Landmuseum Ransel, Restaurant „LandArt"

Dann geht es im Wispertaunus auf engen Straßen und in noch engeren Kurven hinunter nach Lorch am Rhein, über die Höhendörfer Laufenselden, Zorn und Ransel. In

Café & Alte Weinstube „Bäckers Röschen"

Blick von Presberg ins Rheintal

Ransel lohnt es sich immer wieder, im Landmuseum haltzumachen. Berufe früherer Zeiten werden hier anschaulich dargestellt. Das Restaurant „LandArt" oder das Café und die Weinstube „Bäckers Röschen" laden in Ransel zum Verweilen ein, das selbst gebraute Märzen im LandArt ist freilich für Motorsportler tabu.

In Lorch kurz auf den breit dahinfließenden Strom geblickt, fährt Carolin am Rhein entlang nach Assmannshausen, dann auf einer Nebenstraße nach Geisenheim, von dort hinauf ins Rheingaugebirge und über Presberg mit seiner schönen Aussicht auf das Rheintal wieder hinunter ans Ortsende von Lorch.

Als Höhepunkt der Tour geht es jetzt das Wispertal aufwärts. Auf meist guten Straßen heißt es, die Kurven ordentlich zu nehmen und entgegenkommende Fahrer lässig mit der linken Hand kurz zu grüßen. Zu jeder Tour ins Wispertal gehört natürlich ein ordentlicher Einkehrschwung. Heute fährt sie am Restaurant „Laukenmühle“ vorbei und sucht sich schließlich in Geroldstein im Biker-Treff „Wisperstube“ einen Platz.

Vor der Stube steht Moped an Moped, wie die Biker sagen. „Wo man Motorradfahrer trifft, da ist's gemütlich“, meint Carolin. Ihr Lieblingsessen sind – neben frischen Salaten – die geräucherten Filets von der Wisperforelle mit hausgemachtem Kartoffelsalat. Dazu ein alkoholfreies Hefeweizen – was will man mehr?

Nach dieser Stärkung geht es genussvoll das kurvenreiche Tal weiter hoch nach Ramschied. Links sieht sie den Gasthof „Zum Wispertal“, auch den beehrt sie hie und da.

Und dann geht es über einen kleinen Pass mit ausgeprägten Serpentinen hinauf zur Bäderstraße und schließlich über Bad Schwalbach zurück in die Großstadt. Es war eine angenehme Tour. Wie aber soll man sich auf dem Motorrad verhalten? „Fahr niemals schneller, als dein Schutzengel fliegen kann“, meint Carolin und lächelt verschmitzt.

Nach links ...

Restaurant-Café „Laukenmühle“

Gaststätte & Bikertreff
Wisperstube

Biker-Treff in Geroldstein

Die Flora im Blick

Die Flora im Blick

Ein Agrarbiologe zeigt Geheimnisvolles

Im Wispertaunus gehen Wanderer lange Strecken durch dichten, ursprünglichen und immer wieder geheimnisvollen Wald. Aber auch hoch gelegene Wiesen mit Blumenteppichen kommen ins Blickfeld. Und in den Auen der Wisper wachsen seltene Blumen und Sträucher. Das Besondere des Wispertales zeigt uns ein Agrarbiologe.

Dr. Wolfgang Ehmke, Dipl.-Agrarbiologe, berufliche Laufbahn in Institutionen des Umweltschutzes, ehemals Bundestagsabgeordneter, ist ehrenamtlich an der botanischen Kartierung des Taunus, geleitet von der Johann Wolfgang Goethe-Universität Frankfurt am Main, beteiligt. Er hat das 2016 erschienene Buch „Zwischen Mittelrhein und Taunus. Naturschätze in Lorch am Rhein“ konzipiert.

Wolfgang Ehmke geht mit uns in den Wald, erklärt exemplarisch die Pflanzen und Biotope, wie wir sie überall im Wispertaunus finden.

Wolfgang Ehmke

Wir beginnen die Wanderung an der Wisper, laufen ein enges Seitental auf einem schmalen Weg hoch. Es ist ein urtümliches „Kerbtal“, eingeschnitten in die Landschaft, fast ohne Talsohle. Die Bäume stehen dicht auf beiden Seiten der Kerbe über den kleinen Wasserlauf hinweg. Der Hang ist sehr steil, es wäre äußerst gefährlich hinabzusteigen. Kommerzieller Waldbau lohnt hier nicht. Gestürz-

Schluchtwald im Kerbtal

te Bäume liegen kreuz und quer und vermodern. Niemand räumt auf. Es entsteht ein wildes, urwaldähnliches Bild. In diesem „Schluchtwald" wachsen vor allem Linden, Ulmen und Ahorn.

Oben angekommen, überrascht uns eine kleine, romantisch wirkende Felsenlandschaft. Hier wachsen abenteuerlich geformte, verkrüppelte Kiefern, vermischt mit kleinwüchsigen Birken. Die Arten haben, weil kälteresistent, die Eiszeit überlebt, wuchsen dann in der Nacheiszeit in einer Art Taunus-Tundra – und haben bis heute den vielfachen Wandel des Klimas auch der letzten Jahrhunderte überstanden, weil die dünne Erdschicht über dem felsigen Untergrund der schnellwüchsigen Konkurrenz keine Chance lässt.

An die Stelle der Krüppelkiefern treten auf felsigem Untergrund manchmal auch niedrige Traubeneichen, licht angesiedelt, ebenfalls skurril wachsend, immer ein interessantes Fotomotiv.

Bei genauerem Hinsehen entdecken wir auf den Felsen schön gemusterte Krustenflechten. Teile des flachgründigen und nährstoffarmen Bodens werden von Rentierflechten bedeckt.

Schöner Rotbuchenwald

Wir verlassen die Felsen, gehen auf dem Bergrücken weiter. Jetzt ein ganz anderer, wohlgeordneter Eindruck: regelmäßig wachsende, lichte Rotbuchenwälder. Sie gedeihen auf besserem, tiefgründigem Boden. Die Rotbuche ist in der Bronze- und Eisenzeit aus den Balkangebirgen zu uns eingewandert und hat zum Teil den Eichenwald verdrängt. Eichen und Buchen, beide in schönen Exemplaren im Wispertaunus anzutreffen, machen den sagenhaften „deutschen Wald“ aus. Hier lohnt sich auch der Waldbau.

Jetzt kommt Wolfgang Ehmke auf die historischen Nutzungen des Waldes zu sprechen, die ihn geprägt haben und deren Spuren wir oft heute noch erkennen.

Links oben: Krüppeleichen; links unten: Felsenlandschaft mit Traubeneichen

Seit Menschen sesshaft und zu Viehzüchtern wurden, bis ins 19. Jahrhundert, haben sie ihre Nutztiere, Schweine und Rinder, zur Nahrungssuche in den Wald getrieben und im

Demonstration eines Kohlenmeilers

Herbst das trockene Laub als Streu für die Ställe gesammelt. Das entzog den Böden Jahr für Jahr wichtige Nährstoffe und ließ die Bäume verkümmern, was bis heute Nachwirkungen hat.

Im Wispertaunus war die Erzeugung von Holzkohle durch im Wald lebende Köhler weitverbreitet. Die Kohle diente der Verhüttung von Eisen, der Verarbeitung des Eisens zu Edelmetallen, der Glasbläserei und natürlich auch zum Heizen. Riesige Waldflächen, meistens Buchen, wurden abgeholzt. Neben den Wanderwegen stoßen wir immer wieder auf die Reste von Köhlerplatten, auf denen die Kohlenmeiler betrieben wurden. Erst im Laufe des 18. Jahrhunderts ersetzte Steinkohle nach und nach die Holzkohle. Das schwere und meistens verachtete Köhlerhandwerk wurde 2014 in das Verzeichnis des immateriellen Kulturhandwerks in Deutschland aufgenommen.

Ein weiterer für den Wispertaunus wichtiger, vom Wald lebender Erwerbszweig war das Gerben von Tierhäuten. Dazu brauchte man Lohe, einen Saft aus der Rinde von Eichen. Die Bäume ließ man nicht allzu groß werden, schlitzte die Rinde mit dem Häb von oben nach unten auf und löste sie mit dem Lohlöffel. Manchmal wurden die Stämme auch abgeholzt. Wuchs dann aus der Wurzel oder dem abgehauenen Stamm junges Holz nach, nannte man das Stammloden. Aber auch neue Eichenwälder aus Samen mussten immer wieder zur Deckung des Bedarfes angelegt werden. Reste von Eichenschälwäldern und ausgewachsene Stammloden finden sich noch im Wispertal als Zeugnisse eines vergangenen Handwerks. Durch die Gerberei erklärt sich auch heute noch die weite Verbreitung der Eiche.

Gewinnung von Eichenlohe

Im Gespräch über vergangene, aber immer noch sichtbare Zeiten sind wir wieder unten an der Wisper angekommen. Wir fahren zum Parkplatz „Herzbach", steigen aus dem Auto und sehen am Hang vor uns die Reste eines vor allem aus Hainbuchen bestehenden „Niederwaldes". Von Menschen bis ins 20. Jahrhundert so angelegt, diente diese Waldform dazu, ohne großen Aufwand Brennholz zu „ernten". Die Bäume blieben klein, waren leicht zu fällen und wuchsen schnell. Wenn man die Hainbuchen abschneidet, treiben sie neu aus, Wachstum und Ernte können so von vorne beginnen.

Wir überqueren am Parkplatz die Wisper auf einer Holzbrücke und stehen jetzt auf einer großen Liegewiese. Am Bach finden wir den Auwald mit Schwarzerlen, Eschen, Hainbuchen und Haselsträuchern. Im Frühjahr blühen hier kräftiges Weißdorngestrüpp, das Gelbe Windröschen, der Märzenbecher, die Sumpfdotterblume. Etwas später im Jahr erfreuen uns Orchideenvarianten des Knabenkrauts, Salbei, Schwarze Teufelskralle und Schwarze Flockenblume.

Heute noch bestehender Niederwald

Im Anschluss fahren wir mit Wolfgang Ehmke hoch nach Espenschied und schauen uns die dortigen, eher trockenen Waldränder und Wiesen an. Es wachsen Ginstergebüsche, auf den Wiesen blühen im Frühjahr oft wunderschön und massenhaft gelber Löwenzahn und Schlüsselblumen. Darauf folgen vor allem Margeriten und Glockenblumen.

Hier oben weiden Rinder der Wiesbadener Domäne Mechtildshausen, ein ökologischer Landwirtschaftsbetrieb. Man könnte die Tiere fast beneiden, wüsste man nicht, dass ihr Leben sehr kurz ist.

Abschließend sprechen wir über das Verhältnis von Mensch und Natur. Der Wald, der Bach, die Wiese, sie können für den stressgeplagten modernen Menschen Erholung bedeuten, eine Auszeit aus der Geschäftigkeit. Er kann zur Ruhe kommen und damit zu sich selbst. Natur kann auch Rekonvaleszenz beschleunigen und einen Beitrag zur Therapie psychischer Krankheiten leisten. Davon ist Wolfgang Ehmke fest überzeugt. Voraussetzung ist allerdings zu lernen, Flora und Fauna in all ihren Erscheinungsformen bewusst wahrzunehmen und am Beobachten und Erkennen Freude zu gewinnen. Das wilde Wispertal ist dafür sehr gut geeignet.

Rechts oben: Sumpfdotterblume; rechts mitte: Knabenkraut; rechts unten: Schwertlilie

Wild, Waldwirtschaft, Naturschutz

Wild, Waldwirtschaft, Naturschutz

Mit dem Förster ins Revier

Frühmorgens um vier. Noch ist es dunkel im Wispertal, neblig und feucht nach den letzten Tagen mit heftigen Regenschauern und Gewittern. Wir warten an einem Holzlagerplatz, schweigend, gespannt, keine Ausrüstung, nur Wanderschuhe. Mit Abblendlicht fährt ein grüner Kastenwagen kaum hörbar im aufgeweichten und mit altem Laub bedeckten Boden vor. Die Tür öffnet sich leise. Er steigt aus, reicht uns die Hand. Nur das Fernglas und die Kamera am Mann. Wir reden jetzt nicht. Keine Störung. Es ist alles vorbesprochen. Er liebt sein Revier: Förster Harald Löschner.

Harald Löschner

Beeindruckt von den Wispertaler Revieren und dem Hinterlandswald zeigte sich der damals noch junge Förster Harald Löschner nach seiner Versetzung vom Regierungspräsidium Darmstadt in die Revierförsterei Weißenthurm. Die Weitläufigkeit der Waldregion, Steilhänge mit Felsen und Schluchten, kilometerlange Seitentäler mit Wasserläufen und Biotopen begegneten ihm. Es erschien ihm wie die Ankunft in einer anderen Welt.

Seit über 30 Jahren betreut Löschner nun Reviere im Wispertal, zu-

Blick ins Ernstbachtal

nächst fast nur den Kommunalwald von Lorch, dann kam mit der Strukturreform 2005 – der Zusammenlegung von Forstämtern, dem Personalabbau, der Versetzung von Förstern in den vorzeitigen Ruhestand – die Betreuung von Staatsforst im Hinterlandswald und im Wispertal dazu. Die Reform lief nicht stressfrei ab. Es gab sogar Konkurrentenklagen unter Kollegen. Heute ist die Aufgabe umgesetzt und Gras über Wunden gewachsen. Konkurrierende Kollegen treffen sich wieder versöhnt im Wald oder im Forstamt, wusste Harald Löschner in unserem Vorgespräch zu berichten. Doch schon stehen neue Anforderungen auf der Agenda: Die Hessische Landesregierung hat beschlossen, zehn Prozent des Staatswaldes stillzulegen, diese Flächen also nach dem Naturschutzgesetz der Biodiversität zuzuführen und nicht mehr zu bewirtschaften. Allein etwa 1.100 Hektar in einer einzigen Fläche hier im Wispertal, dazu 200 Hektar im Grohlochtal, einem Seitental des Wispertales. Diese beiden „Kernflächen Naturschutz“ gehören zu den größten in Hessen. Es stehen jetzt dem Naturschutz mehr Flächen zur Verfügung als dem Wirtschaften im Rahmen eines naturgemäßen Waldbaus. Für Löschner bedeutet dies erneut eine Vergrößerung seines Reviers mit zusätz-

Feuchtbiotop

lichen und anderen Aufgaben: mehr Naturschutz.

Dem sind wir auf der Spur. Löschner führt uns im Halbdunkel durch die Silhouetten dunkler Bäume, von denen noch Morgentau tropft, an den Rand eines Feuchtbiotops. Unter dem mächtigen Wurzelteller einer alten umgestürzten Eiche in einem Graben am Waldsaum hat er einen Erdsitz eingerichtet und so gut getarnt, dass selbst unser geschultes Auge diesen Ansitz nicht zu entdecken vermochte. Dort schieben wir uns ein. Unser Blick schweift über das von Quellen und Suhlen durchzogene Grün, dessen Konturen mit zunehmendem Lichteinfall schärfer werden. Sumpfdotterblumen werden erkennbar. Während wir voller Demut den anbrechenden Tag in dieser urigen Natur erwarten, werden Ruhe und das leise Plätschern des Quellwassers durch den jähen, krächzenden Schrei eines Graureihers gebrochen. Fünfzig Meter vor uns fällt er ein, sichert kurz rundum, schreitet vier Schritte mit halb eingezogenem Hals und gesenktem Kopf und schlägt zielgerichtet mit seinem langen spitzen Schnabel wie mit einem Schwertstich ein Amphib. Wir sind erstarrt. Auch Löschner bewegt sich nicht und hebt erst ganz vorsichtig die Kamera, als der Reiher seine Beute im Schnabel schluckgerecht zu ordnen versucht. Just in diesem Moment landet neben dem Grauen ein Schwarzstorch, der versucht, mit seinem mächtigen roten Schnabel dem Reiher den Fang streitig zu machen. Beide springen hoch und schlagen mit den Schwingen. Erfolgloser Versuch. Der Reiher schluckt schnell. Und der Schwarzstorch – fast doppelt so kräftig wie sein Fressrivale – schreitet nun auf seinen roten Ständern auf eigenen Beutezug. Während wir gebannt dieses Naturschauspiel verfolgen, hat es der grüne Routinier doch tatsächlich geschafft, mit seiner Kamera diese einmalige Szene festzuhalten.

„Naturschutz muss hier nicht neu erfunden werden. Er ist längt da", erklärt Löschner später auf dem Rückmarsch auf einem langen Weg entlang des Seitentals der Wisper. Es brüten bereits drei Schwarzstorchpaare im Einzugsgebiet der Wisper. Und andere unter Artenschutz stehende Tiere wie Fischadler, Eisvogel, Uhu, Wanderfalke, Roter Milan oder die Wildkatze sowie verschiedene Fledermausarten in den Wäldern und in den für Besucher durch Eisengitter abgesperrten, ehemaligen Schieferstollen haben sich in den letzten Jahren längst dazugesellt oder waren einfach schon im-

Streithähne: Graureiher & Schwarzstorch

Oben: Uhu; unten: Wildkatze

mer da. Selbst der Luchs soll schon gesehen worden sein. Es gibt allerdings noch keine Beweisfotos, auch nicht mit versteckt angebrachten Wildkameras im Rahmen eines Monitorings. Löschners Traum bleibt es, dem Luchs eines Tages hier zu begegnen.

Naturwaldreservat

Etwa ein Drittel der Waldfläche wurde bereits in den 80er und 90er Jahren der Bewirtschaftung entzogen. Damals erfolgte die Stilllegung in sogenannten Grenzwirtschaftswäldern, also solchen mit zu hohem Aufwand bei der Holzernte. Geringe Qualität des Holzes auf kargen Böden, zu hohe Lohnkosten in Steilhängen und zu weite Wege führen schnell in die roten Zahlen, weiß der Waldfachmann zu berichten. „Bei der Waldbewirtschaftung müssen wir uns auch an Wirtschaftlichkeitskriterien orientieren.“ So kann der Holzeinschlag in schlechten Lagen sogar defizitär sein oder in guten Lagen bei Werthölzern wie Eichenfurnierstämmen einige Hundert Euro pro Erntefestmeter einbringen.

Naturschutz spielte für Löschner bei der Waldpflege schon immer eine wichtige Rolle. Zwei größere Flächen von rund 25 Hektar

Seidelbast

wurden in den 90er Jahren nach großen Windwürfen im Wispertaunus nicht mehr bewirtschaftet, weil die Kosten für Aufräumarbeiten und Neuanpflanzung in keinem wirtschaftlichen Verhältnis zu einem zukünftigen Ertrag standen. Man überließ sie sich selbst, schaffte zwei von etwa 30 Naturwaldreservaten in Hessen und dokumentiert und erforscht ihre Entwicklung. Schilder mit dem Hinweis, dass hier der Urwald von morgen entsteht, sollen Verständnis für das Betretungsverbot bewirken.

Auf unserer Wanderung zeigt uns Löschner markierte Habitatbäume, auf denen sich Horste von Greifen oder in denen sich Höhlen von Baumbrütern wie Waldkauz, Bunt- und Schwarzspecht oder Kleiber befinden. Er legt Wert auf die Feststellung, dass durch die nachhaltige Bewirtschaftung des Waldes keine Tierart Nachteile habe.

Insofern bedauert er, dass der Naturschutz den Forst teilweise als Störfaktor wahrnimmt. Das sei aber nicht der Fall. Wie sonst könnten die vielen seltenen Tierarten und Pflanzen das Wispertal als ihre Heimat auserwählt haben?

Sommersteinpilze

Die Nachhaltigkeit in der Forstwirtschaft – es wächst so viel Wald nach, wie gefällt wird – ist schon über 300 Jahre Grundlage des Waldmanagements. Außerdem sei das Nachhaltigkeitsprinzip eine Erfindung des Hessen Georg Ludwig Hartung (1764 – 1837) und inzwischen weltweiter deutscher Exportschlager. Wälder werden mit langfristigem Ziel – bei Eichen oft mehr als 200 Jahre – gepflegt, mit einem forstwirtschaftlichen Konzept, viel Aufwand und harter menschlicher Arbeit. Durch die Ausweisung als Naturschutzfläche werden derartige langfristig angelegte Zielsetzungen über Nacht Makulatur. Klüger wäre es gewesen, bei der Auswahl der neuen sogenannten „Kernflächen Naturschutz" die fachliche Seite, das Wissen und die Erfahrung der Forstleute rechtzeitig und intensiver in das Zukunftskonzept einzubinden. „Wir haben Wald nicht nur studiert, wir leben und arbeiten auch täglich mit ihm und mittendrin", sagt der überzeugte Naturschützer.

„Gibt's doch nicht", entfährt es uns, als wir kurz vor der Rückkehr zu unserem Parkplatz direkt am Wegesrand junge Steinpilze entdecken. Jetzt, Mitte Juni? Na klar, lang anhaltender Regen seit

Naturverjüngung im Buchenbestand

vier Wochen und selbst die Nächte wärmer als im Hochsommer. Der Entschluss ist schnell gefasst: wenige abschneiden. Wir haben ohnehin bereits sieben Uhr früh und einen knurrenden Magen. Es wird Zeit für ein zünftiges Frühstück. Wir ziehen uns zurück auf den Forellenhof an der Laukenmühle und hauen die Pilze mit guter Butter, frischen Eiern und Petersilie in die Pfanne. Dazu gibt es Kaffee, herkömmlich aufgegossen mit kochendem Wasser aus der Wisperquelle.

Im Wispertaunus fällt der Boden sehr karg aus, felsiger und steiniger als beispielsweise der auf der anderen Rheinseite im Hunsrück. So geht es auch dem Wald. „Steile Hänge mit flachgründigen und nährstoffarmen Böden sowie Trockenheit sind Eichenstandorte und tun sich bei der Naturverjüngung schwer", erklärt uns Löschner beim Frühstück. Hohe Wildbestände, vor allem beim Rotwild, können in der Forstwirtschaft zum Problem werden. Und das Wispertal gilt zu Recht als ein gutes Rotwildrevier. Mehr als zwei Prozent neue Schälschäden im Jahr auf speziellen, jährlich beobachteten Kontrollflächen sind zu viel. Kommen diese negativen Faktoren zum Tragen, ist der Waldwertverlust auch bei der Buche zu hoch. „Für ihre Naturverjüngung braucht sie ein gutes Mastjahr, viel Licht, wenig Verbiss und Wasser", weiß Löschner.

Weibliches Rotwild

Rothirsch in Suhle

Verbissschäden durch Rotwild im Wald führt der Förster auf regional zu hohen Bestand und auf die Schwierigkeit bei deren Bejagung zurück. Die Topografie des Wispertals und des Hinterlandswaldes erschweren die Bejagung dieser Hochwildart. Und auf die freien Plenen tritt das scheue Wild in der Regel erst nach Einbruch der Dunkelheit, wenn ein waidgerechtes Ansprechen und Erlegen durch die Jäger kaum noch gegeben sind. „Welcher gute Waidmann will schon einen Fehlabschuss tätigen?", fragt der passionierte Jäger zu Recht.

Die Population des Rotwildes stieg vor allem nach den 70er Jahren. In den Nachkriegsjahren wurde sogar als neues Schalenwild Muffelwild ausgesetzt, weil Rotwild selten wurde. Neulich bei einem Treffen der Espenschieder Jagdgenossen erzählte der ehemalige Steiger Franz Charwath von einem Erlebnis aus den Nachkriegsjahren: Er hatte sich mit einem Kollegen nach der Schicht im Schieferstollen abends hinter Bäumen versteckt, um das Röhren der Hirsche aus nächster Nähe zu erleben. Als plötzlich in der Dämmerung polternd und krachend am gegenüberliegenden Steilhang Bewegung auf beide zukam, dachten sie zunächst an ein Rudel Hirsche oder eine Rotte Sauen. Doch dann zogen ganz nahe geschwärzte Espen-

schieder Männer mit einem gewilderten Hirsch im Schlepptau vorbei. Die Not hatte sie zu Wilderern werden lassen. Und obwohl Charwath das eine oder andere Gesicht erkannte, atemlos die Szene verfolgte, hat er uns nun erst im hohen Alter von 91 Jahren dieses Geheimnis teilweise gelüftet. Was die Namen der Wilderer anbelangt, bleibt er verschwiegen bis ins Grab. Vielleicht traf er den einen oder anderen später als braven Vater und Sangesbruder im Männerchor wieder?

Auch Harald Löschner stolperte vor einigen Jahren noch über eine alte Schlinge eines Wilderers. Aber heute ist es einfacher, seine Lebensmittel aus dem Supermarkt zu beziehen. Haftstrafen für Wilderer und selbst äußerst harte Strafen für Jäger bei Verstößen gegen Schonzeiten oder Abschusspläne haben die Jagd schon lange in geordnete Bahnen geführt und dem Tierschutz auch hier eine Bahn gebrochen.

Die Jagd konzentriert sich im Wispertaunus vor allen auf Rot- und Schwarzwild. Muffelwild und Rehwild stehen in weit geringerem Umfang auf den Abschussplänen. Nach fast 30 Jahren „Jagd mit dienstlichem Auftrag“ weiß der Forstmann über viele Erlebnisse zu berichten, auch über die Arbeit mit dem Jagdhund als Begleiter und Helfer. Nach dem Schuss beginnt erst die Arbeit: Bergen des erlegten Stücks bisweilen in schwierigen Steilhängen, es in die Wildkammer schaffen, Zerwirken und Verkauf. Heutzutage betrachtet Löschner die Jagd eher als Wildtiermanagement. So will der Waidmann nur ungerne ein Kalb entnehmen, wenn er damit das ganze Rudel stört. „Jagd bedeutet für das Wild immer Stress und muss sich an erster Stelle an den Bedürfnissen der jeweiligen Wildart orientieren“, sagt Löschner, der auch dem Vorstand des Rheingauer Jagdvereins angehört.

Deshalb beschäftigt sich Löschner heute auch gerne mit kleineren und anderen Tierarten und stellt diesen mit der Kamera nach. Die Aufzucht eines aufgefundenen, neugeborenen Muffelwidders mit der Flasche, der auch noch jetzt im Alter von sieben Jahren mit seinem Ziehva-

Links oben: Rotte Sauen mit Frischlingen; links unten: Muffelwild

Umgestürzte Bäume

ter durchs Revier streift, hat seine jugendliche Jagdleidenschaft erheblich gebremst. In jedem Tier sieht er nun das Individuum, etwas Eigenes und Besonderes. „Es muss dir klar sein, dass du mit einem Schuss ein Leben beendest", sagt er nachdenklich. „Da muss es schon einen vernünftigen Grund dafür geben. Das darf auf keinen Fall eine Triebbefriedigung sein. Wir müssen bewusst mit den uns anvertrauten Schätzen umgehen", mahnt der erfahrene Förster.

„Um diese Werte und Schätze der Natur auch für künftige Generationen zu bewahren, bedarf es der Erhaltung dieser großen zusammenhängenden Waldflächen, ihrer Unzerschnittenheit, der Ruhe und der niedrigen Frequentierung durch Menschen", meint Löschner und blickt bei dieser Mahnung auf die Uhr. Er ist gegenüber der Laukenmühle beim Einstieg in den Wispertalsteig um acht Uhr mit seinen Forstwirten verabredet. Die ungewöhnlich starken Regengüsse und Gewitter der letzten Tage habe solche Schäden angerichtet, dass er eine ganze Strecke des Steigs sperren musste. Wir begleiten ihn zu den Aufräumarbeiten am beliebten Wanderweg.

Rudel Rotwild sichert

Wanderer und andere menschliche Besucher des Waldes betrachtet Harald Löschner mit kritischem Blick. Sie können für Pflanzen und Wild sehr störend sein. Deshalb gelte es, bestimmte Regeln fest einzuhalten. Dazu gehöre, dass Wanderungen gerade von größeren Gruppen nur auf den dafür bestimmten und ausgezeichneten Wanderwegen stattfinden. Wird diese Regel eingehalten und läuft auch kein Hund frei umher, gewöhnt sich das Wild an die vorbeiziehenden menschlichen Rudel. Verlässt aber ein Wanderer nur für wenige Schritte den Weg und dringt in den Wald ein, löst er beim Wild Stress aus. In Prospekten und Websiten zum Thema Wandern sollte, so Löschner, auf diese Empfehlung zur Schonung des Wildes hingewiesen werden. Besonders in der Dämmerung und nachts sollten sich Wanderer möglichst ruhig verhalten. Es gehe um Sensibilität für die Eigenart wild lebender Tiere.

Gerade das Rotwild nimmt uns aus weiter Entfernung wahr, wenn wir es noch lange nicht gesichtet haben. Seine Feinde wittert es unter optimalen Bedingungen bis zu über einen Kilometer Entfernung. Es verfügt über einen Gehörsinn, der unseren mensch-

Verwunschener Hinterlandswald

lichen Fähigkeiten um ein Vielfaches überlegen ist. Rotwild kann nicht nur Tonhöhen, Tonfolgen und Lautstärken unterscheiden, sondern sogar den Ort von Schallquellen bestimmen, wenn es mit beiden Lauschern die Schallwellen aufnimmt. Dabei vermag es, die Lauscher unabhängig voneinander in verschiedene Richtungen zu drehen und in unterschiedliche Winkel zu stellen. So wird ihm eine exakte Ortung der Geräuschquelle möglich. Das Sehvermögen des Schalenwildes ist zwar nicht so scharf wie das des menschlichen Auges, auch sein Farbsehvermögen ist eingeschränkt. Dafür aber reagiert dieses Wild empfindlich auf Bewegungs- und Flimmerreize. Das Wild nimmt uns sehr frühzeitig wahr und ergreift sofort die Flucht, sobald ihm etwas gefährlich erscheint.

Diese Erfahrung bestätigen auch die Mitarbeiter des Forellenhofs. Sie arbeiten dort auf eingezäuntem Gelände und schreien sich häufig bei plätscherndem Wasser über eine Entfernung von 30 bis 50

Metern etwas zu. Das Rudel Rotwild gegenüber im Hang, nur 100 Schritte entfernt, lässt sich beim Äsen durch die Arbeitsabläufe und das Rufen nicht stören. Die Tiere haben sich daran gewöhnt und die Erfahrung gesammelt, dass keine Gefahr davon ausgeht. Bewegt sich aber nur einer schleichend mit der Kamera einen einzigen Meter hinter den Zaun, um das Rudel oder einen interessanten Hirsch zu filmen, schreckt das Alttier auf und das Rudel zieht sofort ab. „So ist es", bestätigt Löschner und sieht diesen Hinweis ebenso als Beleg für seine „Erfahrung, dass Wanderer weitaus größere Chancen haben, unserem heimischen Wild zu begegnen, wenn sie sich ganz natürlich als Wanderer verhalten und ausgewiesene Wanderwege nicht verlassen".

Aber selbst auf ausgebauten Wegen haben sich schon viele Wanderer verlaufen, vor allem dann, wenn sie die Stecken unterschätzen und in den tiefen Tälern plötzlich von Dunkelheit oder Nebel nach einem Regen oder Gewitter überrascht wurden. An vielen Stellen des Hinterlandswaldes und in den Seitentälern des Wispertals gibt es keine Handy-Verbindung. „Das ist im dunklen Wald eine ganz neue Erfahrung für den Städter. Ich habe schon einige aufgelesen und mit ihrem Rucksack auf dem Rücksitz zwischen die Hunde geklemmt und kilometerweit zu ihrem Auto zurückgefahren", erinnert sich der Förster. Auch ein Rentnerpaar hatte die dunkle Nacht unfreiwillig im Wald verbracht und es als glücklichen Moment seines langen Ehelebens empfunden, als ein grüner Mann mit seinem Hund aus dem Wald hervortrat.

Nebellos gehen wir die Stecke neben Löschner den Wispertalsteig entlang und stoßen zu seinen Mitarbeitern Christoph und Pavo. Das Kreischen der Motorsägen stoppt. Die Waldarbeiter heben das schwarze Visier am roten Helm und blicken uns entgegen. Sie haben bereits einige Kronen der umgestürzten Bäume abgetrennt. „Eine höchst anstrengende und sehr gefährliche Arbeit. Dabei muss man immer zu zweit sein, damit der eine dem anderen bei einer Schwierigkeit oder einem Unfall helfen bzw. Hilfe holen kann, wenn kein Handy funktioniert", erklärt uns Löschner.

Es wird noch einige Tage harter Arbeit mit Hand, Motorsäge und mit dem Bagger kosten, bis die Wanderer ihren geschätzten Premium-Weg wieder nutzen können. Witterungsbedingte Unbill wirft bisweilen den Terminplan des Försters über den Haufen. 40 bis 50 Stunden die Woche, die Hälfte davon am Schreibtisch, am PC und im Forstamt, die andere bei Terminen mit Holzkäufern, beim Einsetzen und Beaufsichtigen der Mitarbeiter, beim Messen, Zählen, „Wiegen" oder beim Auszeichnen von Bäumen im Wald. Die Jagd im „dienstlichen Auftrag" dagegen findet in der Freizeit statt. 20 Prozent des Rotwildabschusses müssen für Löschner bereits bis zur Brunft im September erfolgt sein. Anforderungen und Anstrengungen finden einen Ausgleich in dem Bewusstsein, im eigenen Dienstbezirk vor der Haustür die Jagd ausüben zu dürfen.

Oben auf dem Ameisenberg, sieben Kilometer wisperabwärts an der alten dicken Eiche, wartet um neun Uhr ein Holzkäufer auf den Förster. Es wird Zeit für ihn. Wir sagen Danke und verabschieden uns mit Handschlag. „Sehen wir uns morgen um 14 Uhr bei der Be-

erdigung von Bepp wieder?“, fragt er. Bepp, der alte, ehemalige Jagdaufseher aus dem Espenschieder Revier wird beigesetzt. Natürlich werden wir seine Ehefrau Marianne nicht alleine lassen, wenn sich der alte Querkopf und Freund auf den Weg in die ewigen Jagdgründe begibt. Bis dann!

Die Rückkehr der Lachse

Die Rückkehr der Lachse

Mit einem Fischkundigen an der Wisper

Etwas Geheimnisvolles hat sie wahrlich, die Wisper. Bereits ihr Name könnte eine wilde Schlangenart des sagenumwobenen Hinterlandswaldes bezeichnen. Ihr Flüstern „Psst! Psst!" erinnert bisweilen an das Zischen einer Schlange. Auch geografisch schlängelt sich die Wisper durch Kerbtäler, unter Bäumen hindurch, über felsiges Gestein, kommt selten zur Ruhe, stets auf der Hut, weil in ihr verschluckt und an ihren Ufern versteckt Wildes passiert. Sie schenkt dem Tal ihren Namen und redet nicht wie ein Wasserfall. Können wir ihr dennoch einige Geheimnisse entlocken?

Einer wird uns helfen, das jüngste Geheimnis der Wisper zu enträtseln: Dr. Jörg Schneider, Betreuer und wissenschaftlicher Begleiter des Projektes zur „Wiedereinbürgerung des Atlantischen Lachses und der Meerforelle" als Teil des europäischen Programms LACHS 2020. Wir treffen den Ichthyologen im Mündungsbereich der Wisper in den Rhein. Dort sitzt er telefonierend auf einem Stamm Treibholz. Er erwartet gespannt seine Crew. Diese transportiert mit einem Spezialbehälter 10.000 Junglachse zum Besatz an die Wisper.

Jörg Schneider

Nachdem Jörg Schneider über den Lachs in Deutschland promoviert und an mehreren Lachsprojekten mitgewirkt hatte, kam das Land Hessen mit der Frage auf ihn zu, welcher Fluss sich für die Umsetzung dieses europäischen Programms im Bundesland eigne. In seiner Studie kam Schneider zu einem positiven Ergebnis für die Wisper: Denn „die Wisper ist nicht nur ein wildromantisches Flüsschen, sie hat gute Wasserqualität, ist naturnah, durchgängig und entwässert direkt in den Rhein mit Zugang zum Atlantik – optimale Bedingungen also für Wanderfische". Auf Dauer umsetzen ließ sich das Projekt nur, weil mit Dr. Christian Köhler als zuständigem Fischereireferenten beim Regierungspräsidium Darmstadt ein hellwacher und für dieses Projekt sehr sensibler Fischereireferent lenkend und leidenschaftlich mitzog – und das Land Hessen die erforderlichen Mittel bereitstellte. Die Lahn im Gegensatz zur Wisper gestaltet sich als Besatzgewässer wegen der vielen Staustufen und Wasserkraftanlagen problematischer. Aber auch der Wispereinlauf in den Rhein birgt bisweilen für den Lachs kaum überspringbare Hürden. Er wird zeitweise von Kindern oder Gegnern des Projekts mit Treibgut und Gestein verbaut und muss – weil der Rhein heute tiefer liegt als vor den Eingriffen der Menschen – vor dem Aufstieg der Lachse aus dem Rhein ausgebaggert werden.

Erste Besatzmaßnamen in der Wisper begannen 1998/99 mit Lachsen

Wispermündung

Das Lachsteam

aus einem schwedischen Stamm. Als Initialbesatz wurden 26.500 Lachsbrütlinge von durchschnittlich drei Zentimetern ausgebracht. Später kamen beim Besatz auch laichreife Lachse hinzu, „um zu überprüfen, ob und in welchen Abschnitten der Wisper Reproduktionsmöglichkeiten für den Lachs“ bestehen. Seit Beginn des neuen Jahrhunderts wird jährlich ein Besatz mit Junglachsen vorgenommen. Die jungen Lachse kommen von der Hasper Talsperre in der Nähe von Hagen. Dort wurde im Jahr 2001 von dem Fischzuchtexperten Dietmar Firzlaff und weiteren zehn von dem Wiedereinbürgerungsprojekt Begeisterten der „Verein zur Wiederansiedlung des Atlantischen Lachses e. V.“ gegründet, ein Lachszentrum entstand. „Im Lachszentrum werden für den regionalen Besatz in Hessen und Rheinland-Pfalz mit Nachkommen von Rückkehrern und natürlich aufgekommenen Lachsen, die hier und in anderen Lachsprojektgewässern im Mittelrheingebiet gefangen wurden, Elternfische produziert und vermehrt. 10.000 bis 20.000 Junglachse mit einer Größe von fünf bis acht Zentimetern aus diesem Lachszentrum werden jährlich in der Wisper eingesetzt“, berichtet Schneider. Auf die warten wir gerade gespannt.

Ein Blick in den Transportbehälter zeigt Jörg Schneider, dass die Lachse „gut stehen“. „Jetzt Wasseraustausch“, lautet sein Kommando.

„Der Transport bedeutet immer eine Stresssituation für die Fische", berichtet Jens Buttler, der mit seinen beiden Söhnen Nils und Lars sowie dem Mitarbeiter von Jörg Schneider, Timo Seufert, den Transport durchführt. Jeder von ihnen schnappt sich einen 20-Liter-Eimer. Damit schöpfen sie Wasser aus der Wisper und schütten es in den Transportbehälter. „Das Transportwasser wird mit dem frischen Wasser aus der Wisper vermischt, um so die Fische an das Wasser selbst, vor allem aber an die Wassertemperatur zu gewöhnen", erklärt Buttler. Seine beiden Söhne sind nun bereits zum zweiten Mal dabei und werden angelernt. Er selbst kommt gerade zurück aus dem zentralasiatischen Turkmenistan, wo er für ein dänisches Unternehmen den Bau einer Störzucht gemanagt hat.

Mit Keschern werden nun die jungen Lachse in mit Wisperwasser gefüllte Eimer gesetzt, immer rund 50 Stück pro Eimer, und dann zur Wisper getragen. Das Team selbst hat Watstiefel oder Wathosen an, um die Wisper in allen Bereichen durchqueren zu können. Die Junglachse dürfen nicht mit dem Eimer einfach ins Wasser gekippt werden. Sie schwimmen selbstständig aus

Lachse in die Wisper eingesetzt

Junglachse unter Wasser

dem schräg ins Wasser gehaltenen Eimer heraus. Und sie werden nicht irgendwo im Wasser freigesetzt. „Die richtigen Stellen müssen gefunden werden“, erklärt Jörg Schneider, „am besten an Rauschen, also an Stellen, wo das Wasser schnell fließt und der Sauerstoffgehalt hoch ist. Außerdem stehen dort auch meistens nicht die großen Forellen, die die kleinen Lachse sehr schmackhaft finden.“ Deckung unter Ästen und Steinen an strömungsreichen Stellen wird als optimales Besatzkriterium ausgewählt und vom Team mit Kameras und Notizblock dokumentiert.

„Hier drei Eimer“, heißt der Auftrag von Jörg Schneider an sein Team unter der Straßenbrücke kurz vor dem Supermarkt in Lorch. Dort wird das Wasser gut gebrochen. Es befinden sich viele aufgeschüttete Steine im Bachbett. An der Stelle stand noch vor drei Jahren ein altes Wehr, das auf Initiative von Schneider zurückgebaut wurde, um den Lachsen den Aufstieg zu erleichtern. Die Stadt Lorch verfügte allerdings nicht über die erforderlichen Mittel. Es wurde dennoch ein Weg gefunden, aus Mitteln des Landes diese Rückbaumaßnahme zu finanzieren und der Wisper ihr altes natürliches Bett zurückzugeben. Bereits zwei Jahre zuvor wurde der Bau eines Umgehungsgerinnes um ein Wehr oberhalb der ehemaligen Forellenzucht „Flach“ angelegt, um auch an dieser Stelle die Durchgängigkeit der

Wisper für Wanderfische wiederherzustellen.

Früher war hier ein Wehr

Die Durchgängigkeit der Gewässer von der Mündung bis zur Quelle für Wanderfische wiederherzustellen, wird mittlerweile als europäische Verordnung im Rahmen der Wasserrichtlinien auf Länderebene umgesetzt. Das ist nicht nur für den Aufstieg der Fische zur Laichzeit wichtig, sondern auch für deren Abwanderung. „Die Smoltabwanderung beginnt im Frühjahr im Alter der Lachse von einem Jahr“, erklärt Schneider. „Dann sind die Jungfische etwa zehn bis zwölf Zentimeter groß. Im Folgejahr wandern diejenigen Lachse ab, die im ersten Jahr noch kleiner als zehn Zentimeter waren. Nun messen sie als zweijährige Smolts bis 20 Zentimeter.“ Im Winter trainieren sie noch das Überleben in der Wisper und sind dem Zugriff von Forellen, Groppen und im Unterlauf der Wisper auch dem von Aal und Hecht ausgesetzt. Im Frühjahr wird es für sie kritischer, wenn sie in den Rhein abwandern. Dann drohen ihnen durch größere Raubfische auch größere Gefahren. Zu den Aggressoren gesellen sich zusätzlich Fischreiher und Kormorane, die den Junglachs „als Leckerbissen von der richtigen Größe und Qualität verkosten“. Angler müssen übrigens einen zufällig gefangenen Lachs zurücksetzen. Im Paarungsstadium hat der Lachs eine große Ähnlichkeit mit der Bachforelle, erklärt Schneider und befürchtet, dass so mancher

Graureiher mit Forelle

Lachs auch unwissentlich im Kochtopf eines Anglers landet. Wenn die ein- und zweijährigen Smolts den Rhein und dessen für sie gefährlichen Mündungsbereich in den Niederlanden, der stark befischt wird, durchquert haben, ziehen sie in den Atlantik.

Das Team hat inzwischen das Gelände der Firma Schlaadt erreicht. An der Wanderbrücke über die Wisper ins Greterstal wird der Transportwagen mit den Junglachsen abgestellt. Von dort sind zu Fuß längere Strecken mit den 20-Liter-Eimern durch schwieriges Gelände, über abschüssige Uferkanten und glitschiges Gestein im Wasser zurückzulegen, um an die optimalen Besatzorte zu gelangen. Insgesamt sind sechs Personen im Einsatz, um den Besatz zu stemmen. Man sieht es ihnen an, dass die Arme länger und der Mund trockener werden. Welche Tätigkeiten sind bei diesem Job wohl am interessantesten? „Die Büroarbeit macht mir mehr Spaß", sagt Timo mit einem leicht spöttischen Lächeln auf den trockenen Lippen. „Das geht auch Jörg Schneider so", meint er in seiner netten Ironie. „Der hat zwar keine Sekretärin, dafür aber mich." Zur Abstrafung seiner Lästereien darf er gleich wieder mit einem vollen Eimer von der Brücke auf dem Schlaadt-Gelände steil abschüssig in eine kammartige felsige Vertiefung des Wisperbettes rutschen. Die Stelle eigne sich besonders gut, meint Schneider ebenfalls lächelnd, „wegen des ständigen Wechsels zwischen schnellen Stellen und Pools".

Unterhalb des Einlaufs des Grolochbaches erfolgt der nächste Besatz. Das Grolochtal, ein traumhafter Einstieg für Wanderer, von dem man durch verschiedene Naturschutzgebiete auf ausgewiese-

Klammartige Wisper

nen Wanderwegen vorbei am Jägerhorn bis zur Eisernen Hand und den Zimmersköpfen auf eine Höhe von 500 Metern wandern kann. Die Junglachse, die wir hier aussetzten, wandern nach ein bis zwei Jahren über den Rhein ins Meer. „Sie bleiben ein bis drei Winter im Atlantik. Dort wachsen sie wegen des hohen Nahrungsangebotes an Fischen, Krill und Krebsen schnell heran, ziehen dabei bis Grönland und kommen erst wieder zum Laichen zurück“, erklärt uns Jörg Schneider. Die männlichen Lachse, wegen ihres Samens auch Milchner genannt, werden bereits im Alter von eineinhalb Jahren geschlechtsreif, teilweise schon in der Wisper, und mischen sich dann mutig in der Laichzeit zwischen die ausgewachsenen großen Rückkehrer.

An einer Furt oberhalb der Forellenzucht am Naturschutzgebiet Schittkamm erfolgt der nächste Besatz. Er wird erschwert, weil Milchbauer Hoffmanns Rinder auf der Weide natürlich nicht wissen können, dass sich in den Eimern des Einsatzteams Junglachse befinden, sondern die Eimer als unwiderstehliches Futtersignal interpretieren. Der elektrische Weidezaun, unter dem sich Timo und Buttlers Söhne mit ihren Wathosen und Eimern durchzwängen, bringt Rettung. Üblicherweise ist die Besatzaktion mit Junglachsen bereits durchgeführt, wenn die Rinder nach der ersten Heuernte auf der

Blick ins Grolochtal

Rinderherde

Wiese weiden. In diesem Jahr erfolgte das Aussetzen der Fische aber so spät, weil der heiße Sommer auch die Wassertemperatur der Wisper deutlich steigen ließ. Die Temperatur sollte beim Besatz nicht über 18 Grad Celsius liegen. Auch das Transportwasser im Behälter sollte nicht über 15 Grad messen, erklärt uns Jens Buttler, damit die Lachse keinen Schaden erleiden oder gar verenden.

Kaum ist dieser Schreck überstanden, folgt der nächste auf dem Fuße mit einem deutlichen Aufschrei von Timo: „Was ist denn das?" Wie sich schnell herausstellt, stolperte Timo über die Reste eines verendeten und bereits weitgehend aufgefressenen weiblichen Stück Rotwilds auf einer Kiesbank am Ufer der Wisper. Noch im Februar sah das Ufer hier völlig anders aus. Abgelagerte Eisschollen nach einem Eisgang säumten die Uferböschung.

Ein verendetes Tier am Ufer der Wisper ist nichts Ungewöhnliches. Der Tod lauert mancherorts im wilden Wispertal. Nicht nur viele Lachse sterben nach dem Ablaichen. Und nicht nur die Wisper schlängelt sich durchs wilde Tal, sondern auch an ihr entlang die Landesstraße L 3033 mit ihren unzähligen Kurven. Gerade Fremde mit Auto und Motorrad begreifen nicht, dass sie durch eine Wildnis wie in Kanada fahren, und sind überrascht, wenn vor allem in den

Eisgang an der Wisper

frühen Morgen- und späten Abendstunden in oder hinter einer scharfen Kurve Sauen, Hirsche oder Rehe die Straße wechseln. Dann kracht es häufig, meistens mit tödlichem Ausgang für die Tiere. Überleben sie den Crash zunächst, ziehen sie sich angeschlagen oder schwer verletzt ans und ins Wasser der Wisper zurück, um ihr Fieber zu kühlen.

Wenn der Jäger schnell allarmiert wird und mit seinem Hund nachsucht, kann er das verletzte Wild noch finden und mit einem Fangschuss erlösen. Ansonsten beginnen die Wildschweine selbst oder Waschbären, Dachse, Füchse, Bussarde, Krähen oder unter Wasser auch Aale oder Krebse mit den „Aufräumarbeiten". Aber es trifft nicht immer nur die Tiere. So mancher schwer verletzte Auto- und Motorradfahrer wurde aus der Wisper gezogen und mit Rettungshubschraubern in die umliegenden Notfallambulanzen nach Wiesbaden, Mainz oder Koblenz geflogen. Ein Motorradfahrer war direkt vor einer Liegewiese weit aus einer Kurve getragen worden und lag mit Helm und Ledermontur tot im kühlen Wisperwasser. Die Tierwelt entlang des Wisperufers hatte noch nicht mit den Aufräumarbeiten bei ihm begonnen, als man ihn nach zwei Tagen fand. Wisper und Wisperwald hatten ihn und sein Motorrad einfach verschluckt.

Mit dem Zuruf „Hier machen wir leer", beendet Jörg Schneider den diesjährigen Besatz auf der Strecke zwischen der Alten Villa und der Kammerburg. Die letzten Junglachse aus dem Transportbehälter werden verteilt, die Sauerstoffzufuhr im Behälter ist abgestellt, die Dokumentation der Besatzstellen mit der jeweiligen Anzahl der eingesetzten Junglachse abgeschlossen. Das Team ist geschafft, aber auch erleichtert. Alles hat geklappt: „Mannschaft, Waffen und Gerät vollzählig", hätte die Meldung lauten können, wenn die Bundeswehr diesen anstrengenden Einsatz durchgeführt hätte. Aber die ist nicht mehr vor Ort. Nur die geheimen und versteckten Tunnel, Stollen und Depots im Wispertal und im Wisperwald erinnern noch an ihre frühere Anwesenheit bis zum Ende des Kalten Krieges.

Der Einsatz ist geschafft, aber gut einen Monat später, Mitte November, sind die Männer erneut vor Ort. Wieder in Wathosen gezwängt, tragen sie statt Eimern Spezialkescher. Sie wollen herausfinden, ob laichreife Lachse aus dem Atlantik in der Wisper angekommen sind. „Heute sieht's gut aus. Habe ein gutes Gefühl", freut sich Jörg Schneider. Eine Kontrolle am Einlauf der Wisper in den Rhein hatte ergeben, dass die ausgebaggerte Rinne offen war, so dass der Aufstieg dort erfolgen konnte. Das Wasser in der Wisper war durch einen starken Regen am Tag zuvor etwas gestiegen. Bedingungen, die hoffnungsvoll stimmen.

Zwei Profis aus dem Lachsteam sind heute ausgefallen. Ein junger Mann namens Simon, er hat gerade sein Studium als Wirtschaftsingenieur abgeschlossen, hat sich bei Jörg Schneider freiwillig zum Einsatz gemeldet. Heute kann also nur ein Team aus vier Personen gebildet werden; üblicherweise sind es zwei, um die kilometerlangen Streckenabschnitte aufzuteilen und den anstrengenden Einsatz überhaupt durchstehen zu können – nichts für „Weicheier".

Timo Seufert führt Simon in die Funktionsweise der Elektrofischerei ein. Auf seiner Brust über den Wathosen trägt Timo einen Kasten, den Generator als Stromquelle mit Batterie und Steuergerät. Es ist über einen etwa zwei Meter langen Stiel ver-

Links oben: Signalkrebs; links unten: Tunnel ins ehemalige Bundeswehrdepot

bunden mit einem kleinen Kescher als Pluspol (Anode) und mit einem langen geflochtenen Metallband, das hinter dem Elektrofischer dauerhaft in der Strömung liegt (Kathode). Sobald der Generator eingeschaltet ist und der Pluspol, der kleine Kescher also, ins Wasser gehalten wird, kann durch einen Sicherheitsschalter, den man witzigerweise „Totmann-Schaltung" nennt, Strom eingeschaltet werden, und der Kreislauf ist geschlossen. Der Einsatz von Wechselstrom ist verboten. Nur Gleichstrom und Impulsstrom kommen zum Einsatz, wobei falsche Handhabung dennoch lebensgefährlich sein kann.

Beim Einschalten des Stroms richten die Fische im Wirkungsbereich von zwei bis drei Metern ihre Köpfe in Richtung Anode (kleiner Kescher) und schwimmen ihr sogar bei ausreichender Spannung entgegen. Das ist der Moment, in dem dann der Hintermann, der mit etwa vier Meter Abstand in der zweiten Reihe läuft, mit dem großen Kescher zum Einsatz kommt. Der Vordermann betäubt elektrisch mit dem kleinen Kescher, der Hintermann fischt ab, beurteilt, zählt, vermisst, fotografiert und dokumentiert. Diesmal keine Eimer, aber dennoch viel Gerät am Mann: neben Keschern bzw. Elektro-

Bachforelle

gerät auch Rucksäcke mit Mobiltelefonen, Fotoausrüstung inklusive Unterwasserkamera, Messgeräte zur Erfassung von Gewicht und Länge der Fische, Schreibpapier auf Klemmbrett. Wenn jemand im Gewässer fällt, soll er laut „aus“ schreien, schwört Schneider das Team ein. Dann lassen die Elektrofischer Jörg und Timo sofort die Totmann-Schaltung los. Alles also keine ganz einfache und auch nicht ungefährliche Angelegenheit, auf dem rutschigen Gestein im Wasser gegen die Strömung watend. Deshalb bedarf es für die Elektrofischerei eines einwöchigen Lehrgangs mit abschießender Prüfung sowie der regelmäßigen Überprüfung der Geräte nach VDE-Vorschiften. Wohl wissend, dass die betroffenen Fische nur kurzfristig betäubt werden und es sich bei der Elektrofischerei um die schonendste Methode des Fischfangs für wissenschaftliche Zwecke handelt, bleiben wir als Beobachter mal lieber am sicheren Ufer.

Kaum hat das Team mit dem Elektrofischen begonnen, setzt eine permanente Kommunikation ein. Die Elektrofischer melden gegenseitig ständig laut ihre Fänge. Heute geht es ja vor allem um laichreife Lachse und Meerforellen. Andere Fische werden sofort wieder freigegeben. Bei jedem zweiten oder dritten Schritt stromaufwärts erschallen Rufe wie „Bachforelle", „Döbel", „Hasel", „Schmerle", „Groppe", „Lachs". Erst jetzt wird klar, welcher Artenreichtum an Fischen im Unterlauf der Wisper herrscht, der ohne die Erkenntnisse aus der Elektrofischerei selbst dem geschulten Auge eines professionellen Fischers verborgen bliebe.

In seinem Buch über die „Naturschätze in Lorch am Rhein" beschreibt Wolfgang Ehmke in einem Kapitel über Fische diese Artenvielfalt im Mündungsbereich der Wisper in den Rhein sowie in der Wisper selbst und in ihren Nebenbächen sehr übersichtlich und treffend. Bei den „Langstreckenwanderfischen" führt er neben dem Atlantischen Lachs, der Meerforelle und dem Flussaal, der umgekehrt wie der Lachs sein Leben im Fluss zubringt und erst zum Laichen flussab in die Sargassosee wandert, auch das Meerneunauge und den Maifisch an. Der Maifisch, der wie das Meerneunauge vom Aussterben bedroht ist, wandert als Küstenbewohner im Frühjahr den Rhein stromauf und findet in den Kiesbetten des Mündungsbereichs der Wisper optimale Laichgründe. Mit etwas Glück kann man in einer Mainacht miterleben, wie sich hier die Fische unter lautem Planschen und Plätschern fortpflanzen.

Zur Erhaltung dieser Wanderfische „wurde im Lorcher Rheinabschnitt extra ein Flora-Fauna-Habitat-Gebiet, Wanderfische im Rahmen des Europäischen Schutzgebietssystems NATURA 2000 eingerichtet", schreibt Ehmke. Seit dem Jahr 2008 wird der Maifisch im Rhein aktiv wiederangesiedelt. In der französischen Aquitaine gezüchtete Maifischlarven werden im Rhein ausgewildert. „Seit dem Jahr 2013 pflanzen sich die aus den Besatzmaßnahmen stammenden und aus dem Meer zurückkehrenden Maifische wieder natürlich fort", berichtet der Biologe Dr. Andreas Scharbert vom Rheinischen Fischereiverband von 1880 e. V., der das Wiederansiedlungsprojekt seit Jahren betreut. Rund 70 Jahre nach dem Erlöschen der ursprünglichen und bedeutenden Maifischpopulation des Rheins hat die Entwicklung des neuen Bestandes somit bereits eingesetzt.

Rechts oben: Meerneunauge; rechts unten: Maifisch

Schwarzstorch

Der Artenreichtum der Wisper zieht natürlich auch diejenigen an, die ihre Nahrung dem Wasser entnehmen. Das gesunde Gewässer, seine reichhaltige Nahrung und die weitgehend unberührte Natur haben in den letzten Jahren gleich zwei Schwarzstorchpaare zur Ansiedlung animiert. Sie ziehen regelmäßig Jungvögel hoch.

Durch den Regen in der Nacht kann man das Wasser förmlich langsam steigen sehen und erkennen, wie es trüber wird. Es hat über zehn Liter pro Quadratmeter geregnet. Das Wasser wird kniehoch, beschleunigt sich vor allem an den vielen Stützmauern aus Naturstein innerhalb des Stadtgebietes von Lorch. Auch diesmal bestätigt sich, dass die erst vor einem Monat eingesetzten Junglachse an den schnell fließenden Stellen stehen, im flachen Wasser an den Rauschen. An einem etwa einen Meter tiefen Gumpen am Grabsteinlager holen unsere beiden Elektrofischer auf einen Stromstoß gleich über 50 junge Hasel an die Wasseroberfläche. In diesem Gumpen steht ihnen das Wasser bereits bis kurz unter das Elektrogerät, Zeit, sicherere Stellen aufzusuchen. „Jetzt kommen die Hot Spots", ruft Schneider dem Team in der laut plätschernden Wisper zu, als sie

an der Strecke des ehemaligen und inzwischen zurückgebauten Wehrs angekommen sind. Kaum ausgesprochen kommt der nächste Schrei: „Meerforelle!“ Nach fast 20 Jahren Forschung kennt Schneider „seine“ Wisper offenbar sehr genau. 47 Zentimeter misst die Meerforelle, die einen Partner und einen Laichplatz in der Wisper sucht.

Meerforelle

In der kurzen Mittagspause auf der Sonnenterrasse der Laukenmühle beurteilt das Team die Lage neu und kommt zu dem Ergebnis, dass laichreife Lachse bei dem gestiegenen Wasserstand schon höher bachauf in die Wisper gestiegen sein könnten. Hundert Meter entfernt über unseren Köpfen sehen wir einen Vogel über den Teichen des Forellenhofes kreisen. Sein Flugbild ist anders als das eines Bussards. Spätestens bei seinem jähen Sturz in einen Teich wird klar, dass es sich um einen Fischadler handeln muss. Er schlägt eine starke Wisperforelle, schraubt sich mit ihr hoch, indem er sie torpedoförmig unter seinem Körper trägt, und landet mit ihr auf den Zinnen der Ruine Lauksburg. Dort hält er sie eine Zeit lang in den Fängen, bis sie ihren Widerstand aufgibt. Der Fischadler streicht ab mit ihr und verschwindet hinter dem Grün der Bäume.

Fischadler mit Wisperforelle

Ein beeindruckendes Schauspiel, das die Lachsexperten aber nicht davon abhält, ihre Vermutung jetzt zu überprüfen. Sie bestätigt sich auf Höhe der Recyclinghalle der Firma Schlaadt. Hier stoßen wir auf zwei Laichgruben von vier bis fünf Metern Länge und zwei Metern Breite. „Diese Maße einer Laichgrube

Laichgrube eines Lachses

und ihre Tiefe können auch nicht von mehreren Bachforellen stammen", analysiert Jörg Schneider. „Die stammen von größeren Salmoniden."

Diesen Streckenabschnitt hatten bereits in den letzten Jahren Rückkehrer zum Ablaichen gewählt. Beim Abfischen kommt auch gleich Aufregung auf, denn Timos Anode hat etwas Größeres angezogen. Es ist aber nicht wie erhofft ein Lachs, sondern eine stärkere Bachforelle von über 30 Zentimetern, die tatsächlich noch einen kleinen Lachs von zwölf Zentimetern im Maul hält – auf frischer Tat ertappt, vielleicht noch nicht zu spät für den Kleinen. War es vielleicht ein frühreifer Parr, der an der großen Laichgrube bereits mitmischen wollte?

Das Wasser ist inzwischen so stark gestiegen, dass das Elektrofischen nicht mehr hinreichend Erfolg versprechend durchgeführt werden kann. Auch um keine weiteren Störungen am Laichgrubenbau und einem möglichen Lachsgelege zu verursachen, wird die Aktion für heute abgebrochen und eine Woche später an derselben Stelle bei wieder niedrigerem Wasserstand fortgesetzt. Mit großem Erfolg: Jetzt fängt Timo einen weiblichen Lachs, einen Rogner, von 83 Zentimetern Länge – endlich nach

Zurückgekehrter Lachs (Rogner)

vielen mühsamen und harten Tagen Einsatz der Nachweis wenigstens eines Rückkehrers!

Ob das Lachsweibchen, der „Rogner", einen Milchner zur Besamung ihrer inzwischen befruchtungsreifen und in der Bauchhöhle eingelagerten Tausenden von Eiern finden wird, bleibt zunächst offen. „Der Rogner hebt eine Laichgrube aus, indem er mit der Schwanzflosse an einer kieshaltigen Stelle im Bachbett eine 20 bis 30 Zentimeter tiefe, vier bis fünf Meter lange und bis zwei Meter breite Mulde freischaufelt. In diese Grube begibt er sich zum Laichen", erklärt Jörg Schneider. Der Milchner – oft auch mehrere Freier, die sich gegenseitig hart attackieren, um die Gunst ihres Lebens wenigstens einmal nutzen zu können – gesellt sich zu der erwählten Partnerin, stößt ihr animierend mit seinem veränderten Maul, an dem sich in dieser Phase ein großer Laichhaken bildet, in die Seite, bis sie ihre Eier in die zarte Strömung der sauerstoffhaltigen Kiesgrube gleiten lässt und der Milchner zeitgleich und zielgenau seinen weißen Samen über die sich im Kiesbett absetzenden roten Lachseier versprüht.

Dieser Akt zieht sich über Stunden hin. Er kann sogar Tage dauern. Nach jeder Besamung werden die befruchteten Eier mithilfe der Schwanzflosse leicht mit Kies überdeckt, um sie vor fressgierigen Räubern zu schützen. Ein ziemlich anstrengendes Sexualverhalten, zumal die Partner kurz vorher Tausende von Kilometern aus dem Atlantik bis in ihre Laichgründe hindernisreich zurücklegen mussten. Verständlich dann auch, dass viele von ihnen nach diesem anstrengenden Akt ihr Leben als erfüllt betrachten. Aber der Atlantische Lachs gehört in seiner Gattung zu den Überlebenskünstlern mit großer Ausdauer: Sie sind bis zu fünfmal in ihrem Leben und dann tagelang ständig paarungsbereit – mehr als die anderen also und sind dennoch nicht gerade beneidenswert.

So ist es nicht verwunderlich, dass auch diese Geschichte ihr trauriges und dennoch hoffnungsvolles Ende nimmt: Ein Mitarbeiter der Firma Schlaadt sichtet im Dezember an ei-

Rechts oben: Milchner mit Laichhaken; rechts unten: Lachseier im Brutschrank

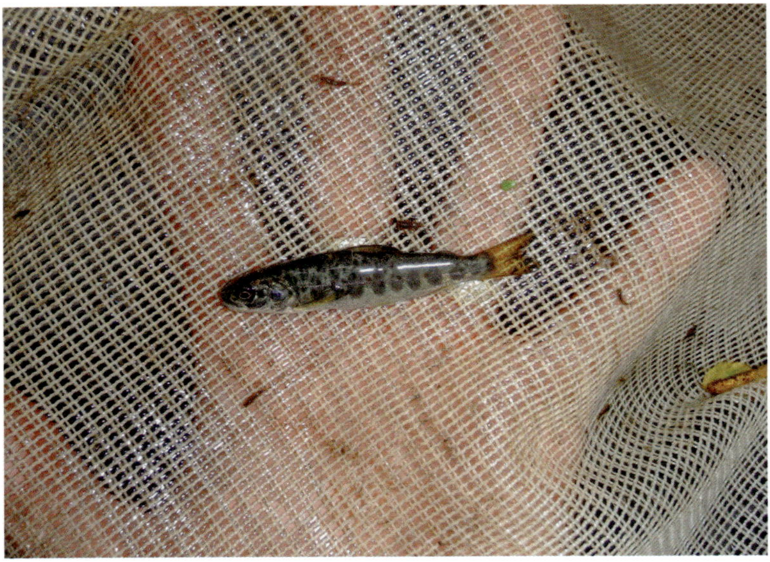

Wisper-Junglachs

ner tiefen Stelle auf dem Wispergrund neben einer Eisdecke einen großen toten Fisch und meldet diesen Fund dem Pächter dieser Wisperstrecke. Der birgt den Fisch, stellt fest, dass es sich um einen verendeten Lachs handelt, und informiert Jörg Schneider. Bei dem Abgleich der Fotos und Maße stellt sich heraus, dass es sich um den Lachs handeln muss, den Timo im November fing und dokumentierte. Bei ihm war die Fettflosse gekennzeichnet, genau wie bei dem tot aufgefundenen Exemplar. Beim Bergen des toten Lachses verlor dieser Rogen. Er hatte also noch nicht oder zumindest nicht vollständig abgelaicht. Hatte er keinen Partner gefunden oder kam der Partner zu spät, als der Rogner bereits aus Erschöpfung zu verenden begann?

Beim Abfischen im Frühjahr fangen die Lachsexperten an dieser Stelle einen Junglachs, der nicht zu den ausgesetzten vom vergangenen Jahr gehört, sondern aus einer Naturvermehrung stammt. „Entweder war dann noch an derselben Stelle ein weiteres Lachspärchen zur erfolgreichen Vermehrung gekommen, oder Timos Rogner hatte doch noch kurz vor seinem Tod Kontakt mit einem oder mehre-

Eisvogel

ren jungen, bereits geschlechtsreifen Lachsen, die noch nicht in den Atlantik abgewandert waren“, schätzt Fischökologe Jörg Schneider die Lage neu ein und freut sich sehr über den besonderen Fang: „Lebbe geht weider“, um es mit dem serbischen Fußballtrainer Dragoslav Stepanovic zu sagen, freut sich auch Lachsexperte Timo.

Ob der Kleine die nächsten Monate in der Wisper überlebt? Ganz in seiner Nähe hat ein Eisvogelpärchen eine Brutröhre bezogen und zieht in diesem Jahr bereits seine dritte Brut hoch. Auch die Eisvögel sind Profiteure des Lachsprojektes.

Wir haben gelernt, dass es selbst unter Wasser mindestens zweier geschlechtsreifer Partner bedarf, um den Fortbestand einer Gattung zu sichern. So konnten wir der Wisper mithilfe von Jörg Schneider und seinem Team ihr jüngstes Geheimnis entlocken. Über Wasser und am Ufer der Wisper sind die Fortpflanzungsmethoden so variantenreich wie die Gattungen, die dort leben. Und damit schließt sich der Kreis um die Geheimnisse der Wisper wie der Stromkreis bei der Elektrofischerei.

Felsen Meerjungfrau
Dreispaltigkeit

In seinem Buch „Elementargeister“ erzählt Heinrich Heine „die Sage vom Wispertale, welches unweit Lorch am Rhein gelegen ist“. Dieses Tal führe seinen Namen von den „wispernden Stimmen, die einem dort ans Ohr vorbeipfeifen und an ein gewisses heimliches Pist! Pist! erinnern, das man zur Abendzeit in gewissen Seitengässchen einer Hauptstadt zu vernehmen pflegt“. Durch dieses Wispertal wanderten eines Tages drei junge Gesellen, so Heine, „sehr frohgelaunt und höchst neugierig, was doch das beständige Pist! Pist! bedeuten möge …“

Der abgebildete Felsen wird von den Einheimischen „Meerjungfrau Dreispaltigkeit“ genannt und befindet sich in der Nähe der Laukenmühle an einem kleinen Bachlauf Richtung Espenschied.

Dass die drei jungen Gesellen mit diesem Geräusch von drei hübschen Jungfrauen auf einen Felsen gelockt wurden, dürfen wir an dieser Stelle dem geneigten Leser noch verraten, wohl wissend, dass viele weitere Geschichten und Geheimnisse der Wisper der Entdeckung harren. Ganz besondere preisgeben zu dürfen, bleibt uns leider versagt. „Pist! Pist!“

Service

Informationen rund
um das Wisperland

Wanderkarten

Wir empfehlen die Wanderkarte „Lorch, Rüdesheim, Wiesbaden“, Maßstab 1:25.000, hrsg. v. GW Rheingau-Taunus-Kartographie, Niedernhausen.

Diese und andere Karten sind in Lorch bei Schreibwaren Verena Simon, Markt 2, vorrätig.

Karten und Wegbeschreibungen zu den Wisper Trails finden Sie unter: www.wisper-trails.de.

Orte

Lorch am Rhein mit den Höhendörfern Ransel, Ranselberg, Wollmerschied und Luftkurort Espenschied

Zu Lorch am Rhein gehören die genannten Höhendörfer sowie das Wispertal bis kurz nach der Laukenmühle.

Die Website www.lorch-rhein.de informiert u. a. über

- Bahn- und Busverbindungen
- Unterkünfte und Campingplatz
- Sehenswürdigkeiten
- Kultur und Sport
- Veranstaltungen

Die Öffnungszeiten der Lorcher Tourist-Information (Tel. 06726-8399249) im historischen Hilchenhaus, Rheinstraße 48, finden Sie ebenfalls auf der genannten Website. Hier sind Karten sowie Flyer zu unterschiedlichen Themen erhältlich. Eine Vinothek bietet Lorcher Wein an.

Der Luftkurort Espenschied unterhält ergänzend eine eigene Website: www.luftkurort-espenschied.de, ebenso der Höhenort Wollmerschied: www.wollmerschied.de.

Heidenrod

Die zweite große Gebietskörperschaft im Wispertaunus ist Heidenrod. Zu Heidenrod gehören u. a. die in diesem Buch genannten Ortsteile:

- Geroldstein
- Dickschied
- Kemel
- Mappershain
- Nauroth
- Springen
- Wisper

Informationen zu Heidenrod und den Ortsteilen finden Sie unter: www.heidenrod.de.

Weitere Orte

In diesem Buch werden folgende weitere Orte besonders genannt:

- Fischbach: www.bad-schwalbach.de
- Hausen vor der Höhe: www.hausenvdh.de
- Langenseifen: www.bad-schwalbach.de
- Niedergladbach: www.schlangenbad.de
- Presberg: www.rheingau.de
- Sauerthal: www.vgloreley.de
- Strüth: www.strueth.de
- Welterod: www.welterod.de

Lorch am Rhein: Informationen zu Unterkünften, Restaurants, Cafés, Gutsschänken, Winzerwirtschaften in der Kernstadt Lorch mit Öffnungszeiten finden Sie auf der Website: www.lorch-rheingau.de.

Im Buch werden folgende Gaststätten und Campingplätze im Wispertaunus genannt:

An der Wisperstraße:

- Café Galerie Alte Villa, Im Wispertal 10, 65391 Lorch, Tel. 06726-1262, www.alte-villa.net
- Restaurant-Café Laukenmühle, Im Wispertal 5, 65391 Lorch, Tel. 06775-355, www.laukenmuehle.de
- Gaststätte & Bikertreff Wisperstube, Wisperstraße 17, 65321 Heidenrod-Geroldstein, Tel. 06775-544, www.wisperstube.de
- Campingplatz und Waldgaststätte Matzenmühle, 400 Meter nach Abfahrt Niedergladbach, an der L 3035, 65388 Schlangenbad, Tel. 06129-5004001
- Campingplatz und Gaststätte Wisperpark, Tulpenweg 5a, 65321 Heidenrod, Tel. 06120-978552, www.wisperpark.de
- Gasthof und Pension Zum Wispertal, Wisperstraße 1, 65307 Bad Schwalbach-Ramschied, Tel. 06124-1324, www.zum-wispertal.de

In Lorch-Ransel:

- Café & Alte Weinstube Bäckers Röschen, Taunusstraße 12, 65391 Lorch, Tel. 06726-839283
- Restaurant LandArt, Landmuseum Ransel, 65391 Lorch, Tel. 0160-99864806, www.landart-ransel.de

In Lorch-Espenschied:

- Gasthof Dorfschänke (auch Zimmer), Laukenmühlerweg 9, 65391 Lorch-Espenschied, Tel. 06775-9699756, www.gasthof-dorfschaenke.de
- Gasthaus Zur Linde, Kirchweg 3, 65391 Lorch-Espenschied, Tel. 06775-425, www.gasthaus-zur-lin.de

In Heidenrod-Wisper:

- Restaurant & Café Hexenmühle, Zum Wiesental 18, 65321 Heidenrod-Wisper, Tel. 06124-7268650

In Bad Schwalbach-Fischbach:

- Gasthof Zum Fischbachtal, Rheingauer Straße 33, 65307 Bad Schwalbach-Fischbach, Tel. 06124-8589 www.gasthaus-fischbachtal.de

In Rüdesheim-Presberg:

- Gasthof Wisperhöhe, Rüdesheimer Straße 38, 65385 Rüdesheim am Rhein, Tel. 06726-642
- Gaststätte Forsthaus Weißenthurm, L 3272, 65385 Rüdesheim am Rhein, Tel. 06726-9133

Forellenhöfe

An der Wisperstraße liegen zwei Forellenhöfe:

- Wisperforelle, Anlage 1, Im Wispertal 2, Alte Laukenmühle, 65391 Lorch, Tel. 06775-960032, www.wisperforelle.de
- Wisperforelle, Anlage 2, Schwalbacherstraße 74, Tel. 06726-586, www.wisperforelle.de

Weiterführende Literatur

- Zwischen Mittelrhein und Taunus. Naturschätze in Lorch am Rhein, Herausgeber: Nassauischer Verein für Naturkunde, Konzeption Dr. Wolfgang Ehmke, ISBN 978-3-9809749-3-6

Dankeschön

Wir danken unseren Gesprächs- und Wanderpartnern, die uns und damit den Leserinnen und Lesern ihr Wissen über das Wisperland vermittelt haben. Gleicher Dank gilt den Fotografen, die dieses Wissen und die Abläufe der Ereignisse gekonnt in Szene gesetzt haben. Beide Gruppen brachten in erheblichem Maße Zeit und Geduld ein. Besonders hervorheben wollen wir das große Engagement des Projektbüros Wisper Trails.

Der Societäts-Verlag in Frankfurt am Main hat das zwar hochinteressante, aber geografisch kleinräumige Wispertal als Thema zu seiner Sache gemacht, was nicht selbstverständlich ist. Beratung, Lektorat und Gestaltung waren erstklassig. Mögen es ihm die Leserinnen und Leser durch freudige Lektüre und Weitersagen danken!

Die Autoren

Die Autoren

Werner Wolf, Dr. phil., Naturgeher, Historiker, Journalist, Autor gesellschaftspolitischer Werke, war 20 Jahre lang Chef einer renommierten Wiesbadener Werbeagentur. Er findet im Wispertal Ruhe und Erholung und gibt diese Erfahrung gerne weiter.

Siegbert Seitz, Diplom-Volkswirt, ehemals Leitender Ministerialrat, Aussteiger, Unternehmensberater, Fliegenfischer, Wanderer, Tierfilmer, widmet sich der Forellenzucht im Wispertal. Er kennt jeden Winkel im Wispertal und hat stets einen guten Tipp zur Hand.

Bildnachweis

Für dieses Buch haben folgende Autoren nicht nur Fotos aus ihrem Archiv bereitgestellt, sondern auch eigens fotografiert. Jedes Foto hat das Buch wertvoller gemacht. Herzlichen Dank dafür!

Dr. Peter Beeck, Düsseldorf: 207
Gerhard Burock, Waldems: 16, 17, 19, 20, 36/37, 67, 69, 80, 87, 132/133, 142, 144, 147, 154/155, 172, 183, 189, 218
Robert Carrera, Welterod: U1, 60, 66, 82/83, 84, 88/89, 90/91, 101, 105, 107, 109, 111, 113, 115, 117, 119, 121, 123, 125, 127, 129, 131
Dr. Wolfgang Ehmke, Taunusstein: 156, 157, 158, 159, 162, 165
Ralf Kaltenbach, Lorch: 11, 14, 22, 23, 26, 28, 29, 31, 32, 34, 35, 92/93, 148
Bruno Karlsson, Espenschied: 85, 95
Alfred Klotz, Espenschied: 8/9, 12, 13, 15, 21, 45, 54/55, 57, 59, 62, 63, 64, 65, 68, 70/71, 74/75
Hermann Josef Klotz, Lorchhausen: 10, 18, 24/25, 27
Harald Löschner, Presberg: 78/79, 166, 169, 170, 176, 179
Otto Mainz: 56
Peter Scheerer, Wiesbaden: 135, 136/137, 138/139, 140/141, 143, 145
Dr. Jörg Schneider, Frankfurt am Main: 201, 203, 205, 206, 207, 209
Helga Schwegmann, Schlangenbad: 160, 161
Siegbert Seitz, Espenschied: 2, 33, 38-53, 76/77, 86, 144, 149, 150/151, 152/153 164/165, 167, 168, 171, 173, 174, 175, 178, 180/181, 183, 184/185, 186, 187, 188, 191, 192, 193, 194/195, 196, 197, 198, 200, 204, 206, 212/213
Timo Seufert, Eschborn: 210
Christopher Simpson, Osterode: 211
Patrick Tigges, Tasmanien: 190
Michael Weidenfeller: 61
Dr. Werner Wolf, Wiesbaden: 43, 58, 72, 97, 134, 146

WISPER TRAIL

Der Wispertalsteig 1:15 000

Auszug aus der Rad- und Wanderkarte 1:25 000
„Rheingau“ GW Rheingau-Taunus-Kartographie

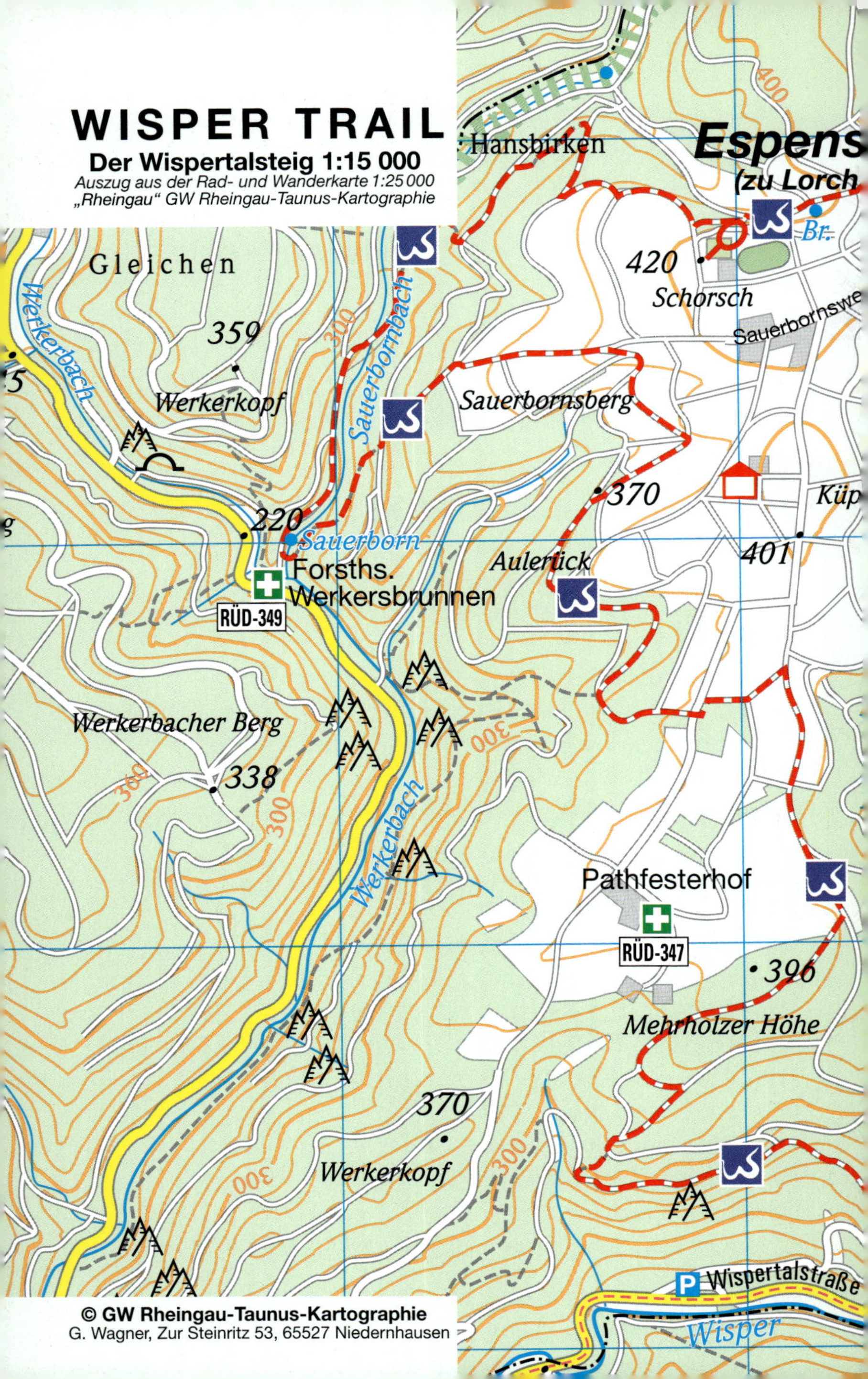